TEREZA GALVÃO PASIN



# HISTÓRIA DE NOSSA SENHORA APARECIDA

EDITORA
SANTUÁRIO

Direção editorial: Pe. Fábio Evaristo R. Silva, C.Ss.R.
Pe. José Luís Queimado, C.Ss.R.

Conselho editorial: Cláudio Anselmo Santos Silva, C.Ss.R.
Edvaldo Manoel Araújo, C.Ss.R.
Ferdinando Mancilio, C.Ss.R.
Gilberto Paiva, C.Ss.R.
Marco Lucas Tomaz, C.Ss.R.
Victor Hugo Lapenta, C.Ss.R.

Coordenação editorial: Ana Lúcia de Castro Leite
Copidesque: Sofia Machado
Revisão: Luana Galvão
Diagramação: Bruno Olivoto
Capa: Núcleo de Criação do Santuário Nacional

**Dados Internacionais de Catalogação na Publicação (CIP) de acordo com ISBD**

P282h Pasin, Tereza Galvão

História de nossa senhora Aparecida / Tereza Galvão Pasin. - Aparecida: Editora Santuário, 2022.
96 p.; 16cm x 23cm.

Inclui índice.
ISBN: 978-65-5527-196-6
1. Religião. 2. Cristianismo. 3. Santa. 4. Nossa Senhora Aparecida. I. Título.

2022-1028 CDD 235.2
CDU 235.3

**Elaborado por Odilio Hilario Moreira Junior - CRB-8/9949**

**Índice para catálogo sistemático:**
1. Santos 235.2
2. Santos padroeiros 235.3

3ª impressão



Rua Pe. Claro Monteiro, 342 – 12570-045 – Aparecida-SP
Tel.: 12 3104-2000 – Televendas: 0800 0 16 00 04
www.editorasantuario.com.br
vendas@editorasantuario.com.br

Um agradecimento especial
a Dom Orlando Brandes,
Arcebispo Metropolitano da Arquidiocese de Aparecida,
e ao Padre Eduardo Catalfo, C.Ss.R.,
Reitor do Santuário Nacional de Aparecida,
o primeiro leitor desta obra.

***

Minha dedicatória, um agradecimento pela partilha,
amizade e convivência, a:

Adriana Cristina dos Santos Silva Silva
Fábio José Cardoso
Fátima Aparecida Midões Izidoro
Maria Heloísa Guimarães Freire Novaes
Maria Jovita Villela Siqueira
Natália Moreira
Padre Renan Rangel dos Santos Pereira
Sílvia Regina Farias
e
José Roberto Siqueira

# PREFÁCIO

Não faz muito tempo, Tereza Galvão Pasin publicou, pela Editora Santuário, uma verdadeira obra-prima: *Senhora Aparecida: romeiros e missionários redentoristas na história da Padroeira do Brasil*. Trata-se de um livro belíssimo, que reconstrói em detalhes a história, o culto e a devoção à Virgem Negra, aparecida nas águas do Rio Paraíba do Sul, em 1717.

Esta obra, que o leitor tem nas mãos, é mais breve que a anterior, mas não é menor na qualidade literária nem no rigor da pesquisa histórica. A professora Tereza Pasin aceitou o desafio de reescrever a história de Nossa Senhora Aparecida de forma resumida, popular e acessível ao grande público. No entanto, o livro, que orgulhosamente apresentamos, é, à semelhança do anterior, fruto de anos de pesquisa e de aprofundado estudo.

Todo historiador sabe que a boa narrativa depende, sobretudo, de três características principais: 1) amplo acesso às fontes historiográficas; 2) capacidade de organizar os dados fundamentais; 3) habilidade de interpretar corretamente os acontecimentos decisivos. Todas essas qualidades estão harmoniosamente presentes neste livro.

Uma das principais características de nossa autora é o privilegiado acesso às *fontes primárias* da pesquisa. A qualidade original desta obra é garantida pelos incansáveis anos de estudo, tanto no *Centro de Documentação e Memória do Santuário Nacional*, quanto no *Arquivo da Cúria Metropolitana da Arquidiocese de Aparecida*. Natural de Aparecida, SP, Tereza Pasin sempre se deixou guiar não apenas pela devoção a Nossa Senhora, mas sobretudo pelo rigor da pesquisa.

O resultado final é muito positivo: o leitor está diante de uma narrativa tão profunda quanto dinâmica. Não faltam leveza no estilo, precisão no jeito de organizar as informações, objetividade na apresentação dos fatos e elegância literária. Ao escrever *A História de Nossa Senhora Aparecida*, a autora nos oferece uma obra tão verdadeira quanto emocionante.

Elaborado a partir de uma ordem cronológica e bem delimitada, o livro está dividido em quatro partes principais, cujos objetivos concentram-se em retratar Aparecida nestes mais de 300 anos de história e devoção. Os quatro períodos que orientam a divisão dos capítulos descrevem os fatos essenciais da história, dos personagens, do culto e da devoção à Senhora Aparecida.

O primeiro capítulo apresenta os fatos primordiais acerca da *pesca prodigiosa*, recordando que o Rio Paraíba do Sul é *o primeiro a reverenciar Nossa Senhora*. Aparecida nas águas, a Mãe de Deus começa a reunir ao redor de si as primeiras famílias que se encontram para rezar o terço e cantar ladainhas. Na origem da devoção à Virgem Negra de Aparecida, encontramos o testemunho de três pobres pescadores.

À medida que a narrativa evolui, o capítulo segundo faz memória de ilustres visitantes que marcaram a história. Fatos significativos desse período são principalmente dois: 1) A construção do primeiro Santuário, carinhosamente chamado pelos devotos de "Basílica Histórica; e 2) A chegada dos Missionários Redentoristas, que há mais de 125 anos são os guardiões da querida Imagem de Aparecida.

O terceiro capítulo retrata um período de significativos avanços, sobretudo na pastoral do Santuário. Três eventos mereceram especial destaque: 1) A coroação de Nossa Senhora como Rainha do Brasil, em 1904; 2) A proclamação de Nossa Senhora Aparecida como "Padroeira do Brasil", em 1931; 3) A construção do novo Templo, que marcou as etapas seguintes de consolidação, tanto no aspecto pastoral quanto administrativo.

A quarta e última parte do livro destaca a época moderna de Aparecida. É um período significativo, entre outros motivos, porque é a história do tempo presente, que nos faz pensar nos desafios atuais e nas realizações do Santuário Nacional, sobretudo a partir da criação da Arquidiocese de Aparecida, do restauro da Imagem de Nossa Senhora e da fundação da nossa querida TV Aparecida.

Dom Orlando Brandes, nosso estimado Arcebispo, sempre lembra com carinho que *Nossa Senhora é a melhor e a mais perfeita discípula da Palavra*. O Santuário Nacional de Aparecida é, por excelência e por vocação, um autêntico *Santuário da Palavra*.

Nossa última palavra é de gratidão à professora Tereza Pasin. Que a leitura destas páginas nos recordem sempre que Nossa Senhora Aparecida foi encontrada no fundo do rio, no meio da lama, para nos indicar o caminho do discipulado de Jesus e da experiência com o Deus Verdadeiro, o Deus da Vida, o Deus dos Pobres!

*Pe. Eduardo Catalfo, C.Ss.R.*
*Reitor do Santuário Nacional de Aparecida*

# APRESENTAÇÃO

A história de Nossa Senhora Aparecida é a mesma desde 1717 até os dias de hoje, mas, após novas pesquisas, trago informações que nos levarão a entender o mistério da Fé e o Santuário Nacional.

Seus devotos transformaram as águas do Rio Paraíba do Sul em palácio para a "Rainha e Padroeira do Brasil"! Tudo foi se transformando silenciosamente, como Maria fez, após seu Sim ao Pai.

A cidade de Aparecida não foi fundada; moradores existiam nessas paragens antes do encontro da Imagem. E continuamos agradecendo aos pescadores, Domingos Garcia, João Alves e Felipe Pedroso, a pesca milagrosa.

A chegada dos "filhos de Santo Afonso", sempre em vigília dia e noite, propagou os louvores a Maria; enquanto uns ficam, os outros saem em "missão redentorista". É preciso levar as palavras do Evangelho!

A seus pés rezaram o escravo Zacarias, príncipes e os três Papas: São João Paulo II, Bento XVI e Francisco.

A grande saga continua, desde os primeiros prodígios. E seus devotos nunca deixaram sua Mãe maior sozinha.

Vamos juntos viver novamente sua história!

*A autora*

# PRIMEIRA PARTE
# 1717 a 1816

## O RIO PARAÍBA DO SUL, A PESCA PRODIGIOSA E AS PRIMEIRAS MEMÓRIAS DE APARECIDA

**Canto dos Peregrinos**

[...]
Segredo que o rio, ao fundo,
levava ao mar sem saber.
Que iria privar o mundo
de seu mais doce poder! [...]
*Luís Carlos – 1931*

# RIO PARAÍBA DO SUL, O PRIMEIRO A REVERENCIAR NOSSA SENHORA DA CONCEIÇÃO APARECIDA!

Corria o ano de 1717. O Conde de Assumar, Dom Pedro Miguel de Almeida Portugal e Vasconcelos (Assumar: freguesia portuguesa, herdou o título depois da morte do pai), passaria pela Vila de Santo Antônio de Guaratinguetá, uma via de passagem em direção a Ouro Preto de Nossa Senhora do Pilar, nas Minas Gerais, onde havia minas de ouro desde 1695.

Dom Pedro Miguel embarcou em Lisboa, em março. Viajou, por mar, do Rio de Janeiro até a cidade de Santos, e, por terra, de Santos até São Paulo. Parou em pequenos povoados conhecidos por denominações indígenas: Mogi, Jacareí, Caçapava, Taubaté e Pindamonhangaba, quase sempre carregado, em uma cadeira, por índios.

Segundo Dom Frei Manoel da Cruz, primeiro bispo de Mariana (antiga Vila do Ribeirão do Carmo), pôde ser reformado favoravelmente o juízo sobre o "Conde de Assumar": justiceiro a modo de seu tempo, porém cristão fervoroso, bom literato e valente cabo de guerra. O Conde estava chegando, e a Câmara de Vereança de Guaratinguetá ordenou: "Peixes para o Conde de Assumar". Ele chegaria em dia de abstinência. Era o mês de outubro.

Entre muitos, foram pescar em suas canoas: Domingos Garcia, João Alves e Felipe Pedroso. João Alves era filho de Domingos Alves Garcia e Silvana da Rocha Alves. Ela era irmã de Felipe Pedroso. Este casou-se com Verônica da Silva e ambos tiveram um filho, Atanásio Pedroso. Atanásio casou-se, a primeira vez, com Rosa Maria do Prado e com ela teve João; depois se casou com Maria Siqueira e com ela teve filho chamado José.

Os pescadores foram até o porto de José Correia Leite e vieram descendo o Rio Paraíba do Sul, que tem essa denominação para diferenciar-se do Rio Paraíba do Norte, que banha o estado da Paraíba, e do Rio Paraíba do Meio, que corre de Pernambuco para Alagoas. Paraíba, para os índios tupis, significa rio de água ruim, porque no mês de outubro não é bom para pesca. Para Theodoro Sampaio, rio Paraíba significa "pará" (rio volumoso) ahybá (ruim).

Quando os pescadores fizeram a curva do Rio Paraíba do Sul, já no bairro Itaguaçu, João Alves depois de muitas tentativas jogou novamente sua rede de arrasto e sentiu algo diferente. Nesse momento, tirou da rede apenas o corpo da imagem de Nossa Senhora. Admirado, envolveu-o em um pano e continuou a pesca. Novamente, sentiu que a rede trazia algo – era a cabeça da imagem. Ao colocá-la em seu corpo, viu que era Nossa Senhora da Conceição, que apareceu nas águas profundas do Paraíba!

Sua cor de barro foi modificada devido ao calor dos círios e das candeias de azeite dos altares e de seus primeiros oratórios, antes de 1717. Cor que até hoje conserva.

A rede de arrasto foi o primeiro manto de Nossa Senhora Aparecida!

Deus, em seus projetos, quis transmitir sua mensagem por meio das águas. Em uma rede, a imagem foi guardada, como Moisés, em um cestinho.

Após o encontro da Imagem, as canoas, a primeira sala das Promessas, ficaram abarrotadas de peixes, sinal do milagre! Com medo de naufragarem, recolheram-se a suas moradas. João Alves, filho de Domingos, levou a imagem para casa e a entregou aos cuidados de sua mãe, Silvana, que, depois, doou-a para seu irmão mais idoso, Felipe Pedroso. Este, que era vizinho do porto de Itaguaçu, colocou a Imagem em seu primeiro altar: uma mesa. Depois se mudou para um sítio chamado "Lourenço de Sá", por mais ou menos seis anos, e deu o segundo altar a Nossa Senhora: um oratório de paus toscos. Posteriormente, passou a residir na beira do córrego da Ponte Alta, por mais ou menos nove anos, e deu o terceiro altar a Nossa Senhora! Foi uma devoção familiar. Por volta de 1732, Felipe Pedroso voltou para o bairro Itaguaçu e entregou ao filho, Atanásio Pedroso, a Imagem de Nossa Senhora.

## MILAGRE DAS VELAS

Atanásio fez um oratório e, em um altar de paus, colocou a Imagem. Em volta desse altar, as famílias, todos os sábados, reuniam-se para rezar o terço e a ladainha. Em uma noite, duas velas de cera de abelha mandaçaia, que alumiavam a Imagem, apagaram-se; a escuridão era absoluta. E, querendo Silvana da Rocha acendê-las, de repente, elas acenderam sem auxílio humano. As pessoas gritaram, pela primeira vez: "Milagre, milagre!" O milagre das velas foi no quarto altar. O oratório passou a ser frequentado por muitos devotos, chegando ao conhecimento do Padre José Alves Vilella (1696-1779), que morava na Vila de Santo Antônio de Guaratinguetá. Ele enviou seu sacristão João Potiguá para assistir às rezas do terço. João Potiguá confirmou o que o povo dizia, e o pe. Vilella ouviu as testemunhas.

Quando a Imagem de Nossa Senhora Aparecida estava na casa de Silvana da Rocha, em uma sexta-feira (o que aconteceu várias vezes), guardada em um baú velho, ouviram um estrondo, que vinha de dentro do baú. A fé foi crescendo. Padre José Alves Vilella, Atanásio Pedroso e outros devotos lhe edificaram um oratório de pau a pique no bairro do Itaguaçu, onde eram deixados pelos romeiros os ex-votos ou a lembrança da graça alcançada, dependurados nas paredes, colocados no chão e sobre o altar, para "pagarem" suas promessas. É o início do culto popular. O quinto altar para Nossa Senhora!

Padre José Pereira Neto, C.Ss.R., escreveu-nos uma curiosidade histórica em 6 de setembro de 1960: "[...] o padre Oto Maria Bohm, C.Ss.R., tinha um artigo afirmando que as caveiras dos três pescadores estavam na sacristia da Basílica Histórica".

Até 1912 havia, nas proximidades do porto Itaguaçu, uma capelinha de "Santa Cruz de beira de estrada", que certamente indicava o local do primitivo oratório construído por Atanásio Pedroso, por volta de 1732. Dom Epaminondas Nunes d'Ávila e Silva, bispo de Taubaté-SP, mudou a invocação da Capela da Santa Cruz para Capela de São Geraldo. Em 18 de agosto de 1912 saiu uma procissão (na página seguinte), levando a Imagem de São Geraldo, feita pelo Irmão Bento, C.Ss.R. (1837-1912). O Irmão Bento trabalhou em Aparecida e São Paulo. Ficou conhecido como "Santeiro", esculpiu em madeira e pintou em telas a óleo. Seu ateliê era uma santuário de meditação, contemplação, piedade e solidão. Por isso, sua arte espelhou esse reflexo.

*Arquivo pessoal – 18 de agosto de 1912*

Anos mais tarde, tornando-se pequeno o oratório do Itaguaçu para acolher os devotos, padre Vilella resolveu construir uma capela maior para as celebrações eucarísticas.

Em 1743, graças às esmolas deixadas pelos devotos, padre José A. Vilella escreveu a Dom Frei João da Cruz, bispo do Rio de Janeiro, que se encontrava na Vila de Ribeirão do Carmo, hoje cidade de Mariana-MG, solicitando a aprovação do culto à Imaculada Conceição, sob o título de "Aparecida", e solicitou licença para construir sua capela. Em um documento de 27 de agosto de 1725, o nome de Aparecida já aparece como "Ribeirão da Aparição".

Dom Frei João da Cruz autorizou a construção da Capela, não de pau a pique, mas sim de madeira durável, com o título da mesma Senhora. Ela foi preparada com ornamentos das quatro cores e cálice de prata. Foi feita também a escritura do terreno, que era uma exigência das "Constituições Primeiras do Arcebispado da Bahia", publicadas em 1707. Havia outras exigências: "Depois de pronta, a capela devia ter vistoria da autoridade diocesana e, se achada bem provida, o responsável devia passar documento permitindo a bênção e inauguração. O vigário ou responsável devia lavrar ata da bênção e inauguração da nova capela ou ermida. A ata equivalia à certidão de nascimento do povoado".

Aqui faço uma observação: a cidade de Aparecida não foi fundada; moradores existiam nessas paragens antes do encontro da Imagem em 1717. Era uma zona rural da Vila de Santo Antônio de Guaratinguetá.

Padre Vilella recebeu, em nome de Nossa Senhora, as primeiras doações de terra. A primeira benfeitora foi Margarida Nunes Rangel, uma viúva e moradora da Vila de Santo Antônio de Guaratinguetá:

> [...] 1744, dia 6 do mês de maio do dito ano, nesta Vila de Santo Antônio de Guaratinguetá, em casa da moradora de Margarida Nunes Rangel, viúva [...] possuía e estava de posse, era um sítio no termo desta Vila chamado sítio da Ponte Alta, em cujo tem um morro chamado dos Coqueiros [...] dava e doava, como, com efeito, logo deu e doou, de hoje para sempre à Virgem Maria Nossa Senhora da Conceição, chamada Aparecida, para que no dito morro chamado dos Coqueiros, pela disposição que a dita paragem tem possam fazer a sua nova Capela e disporem das mais terras do sertão como foi a bem da dita Senhora, cuja esmola e dádiva faziam de sua livre vontade [...] Assino a rogo da doadora Margarida Nunes Rangel – Antônio Rapozo Leme – Pedro Alves d'Araújo. (Escritura feita em nome de Nossa Senhora Aparecida.)

Também fizeram doações:

> [...] Domingos da Costa Paiva [...] trinta braças de terras, aos 16 de maio de 1744. [...] Lourenço de Sá, aos 28 de maio de 1744 [...] doou uma sorte de terras [...] e Jerônimo Dorneles de Menezes [...] uma sorte de terras a 18 e 20 de junho de 1745 [...].

Dessas terras tomou posse, por parte de Nossa Senhora, o padre José Alves Vilella. E assim teve início a construção da Capela no Morro dos Coqueiros, que se fez de escada até a Capela, entre a Serra do Quebra Cangalha e o Rio Paraíba do Sul, sob o olhar da Serra da Mantiqueira.

No ano de 1795, foi construída, para a devoção à Senhora Aparecida, uma igreja na cidade de Sorocaba, SP, a primeira depois de 1745.

# AS ORAÇÕES COM AS FAMÍLIAS NO MORRO DOS COQUEIROS

Imaginamos agora a colina e o início das obras da capela; essa colina era toda coberta de coqueiros, por isso o nome Morro dos Coqueiros.

Foi aberta a primeira rua do povoado, a rua dos Coqueiros, depois rua com escadas, rua da calçada e, finalmente, Monte Carmelo.

*Capela do Morro dos Coqueiros, 1745*
*Representação artística de Beto Leite (Fonte: CDM Santuário nacional)*

O Padre Ângelo de Siqueira, Visitador Diocesano, veio de São Paulo ajudar o Padre Vilella antes da inauguração da Capela, em 1745, e revestiu a Imagem de Nossa Senhora Aparecida, à moda brasileira, com o manto triangular.

A Imagem de Nossa Senhora Aparecida do bairro do Itaguaçu foi levada ao oratório de pau a pique até o largo, no morro dos Coqueiros, onde se deu a inauguração da "Capela da Conceição Aparecida". A bênção da capela ocorreu em 26 de julho de 1745, festa da Senhora Sant'Ana, dada pelo padre José Alves Vilella. Era o sexto altar de Nossa Senhora Aparecida.

A capela com sua escritura. A sacristia toda pintada, com paramentos de todas as cores, assoalhada de madeira com campas (sepulturas), corredores assobradados de ambas as partes, com casas por baixo e uma torre. Com coro e a igreja toda forrada. O altar-mor de madeira com entalhes dourados e o trono para a milagrosa Imagem. Do pedestal, destacavam-se duas fitas que desciam até o altar, o qual os romeiros beijavam.

Na Capela do Morro dos Coqueiros existiu a Sala dos Milagres ou Casa dos Milagres, também conhecida por Quarto dos Milagres, ao lado da sacristia.

O pátio funcionava como pasto para animais de moradores e romeiros, e também como cemitério.

Após a inauguração da Capela, foi criada a nova Diocese de São Paulo, desmembrada da Diocese do Rio de Janeiro, em 8 de dezembro de 1745.

Em 1746, Pe. José Alves Vilella dá diversas informações ao Bispado de São Paulo, principalmente, sobre as margens do Paraíba, no "Sítio da Aparição".

# OS JESUÍTAS CHEGAM FINALMENTE À CAPELA DA VIRGEM CONCEIÇÃO APARECIDA

Dois missionários jesuítas pregaram missão aos moradores da Capela da Virgem da Conceição Aparecida, a quem os moradores chamam Aparecida.

Esses jesuítas eram irmãos de hábito do Padre José de Anchieta, hoje santo. No início da colonização, São José de Anchieta ensinava as crianças, e iam juntos pelas Tabas, dançando a dança tupi, chamada "Cateretê", e cantando: "Ó Virgem Maria, Mãe de Deus verdadeiro! Os homens deste mundo sentem-se tão bem convosco!"

Em 15 de janeiro de 1750, o padre Francisco Silveira, do colégio dos jesuítas da Bahia, enviou um relatório da missão pregada no povoado da Capela a seu superior-geral, em Roma:

> [...] Aquela imagem foi moldada em barro, de cor azul escuro, conhecida pelos muitos milagres realizados. Hoje, sabemos o nome do escultor da Imagem de Nossa Senhora Aparecida: foi Frei Agostinho de Jesus, nascido no Rio de Janeiro e discípulo do mestre ceramista português, beneditino, Frei Agostinho da Piedade. [...]

Frei Agostinho de Jesus era natural do Rio de Janeiro e faleceu aos 11 de agosto de 1661. Provavelmente, foi discípulo de Frei Agostinho da Piedade, natural de Portugal, cuja cidade natal não sabemos.

Características das imagens de Frei Agostinho de Jesus:

– o perfil é predominantemente troncocônico;

– o manto pende em dobras geometrizadas, do lado direito, e é preso pelo braço esquerdo, cobrindo toda a túnica desse mesmo lado;

– as imagens de Nossa Senhora podem ter um elevado número de anjos no pedestal, 3, 5, 7 e, até mesmo, 9;

– o barro e as paredes delgadas da imagem são predominantes nas imagens de Frei Agostinho de Jesus;

– as imagens deixam perceber na altura do joelho uma figura em forma de lágrima. As pregas do vestuário são caprichosamente arrumadas, formando a letra M.

Em 1967, o doutor Pedro de Oliveira Ribeiro Neto, pela qualidade do barro, concluiu que ela foi modelada no Mosteiro de Santana de Parnaíba, São Paulo. O barro e as mãos abençoadas do Frei Agostinho de Jesus!

Sobre os bens e as alfaias da Senhora Aparecida, consta, de um Inventário de 5 de janeiro de 1750, o seguinte: "Uma coroa de ouro de filigrana que pesa seis oitavas. Um manto de gala encarnado, com ramos de ouro e renda de prata forrado de tafetá carmesin". E mais: "Um dito manto da mesma Senhora, de rendas de carmesin e com ramos de ouro sobre seda branca, doado por Francisco Soares Bernardes, da cidade de Mariana, Minas Gerais".

Antes da fundação da Irmandade, no ano de 1756, Nossa Senhora Aparecida recebeu mais uma importante doação de terras. A doação do Morro das Pitas, indo para o porto de Itaguaçu, foi efetivada em 1752. Foram doadores Jerônimo Ornelas de Menezes e sua mulher Lucrécia Leme Barbosa.

Conforme estimativa daqueles tempos, as terras pertencentes a Nossa Senhora Aparecida somavam um total de 700 alqueires antigos. Nesse tempo, não havia o registro, as escrituras eram particulares e foram desaparecendo.

Os devotos de Nossa Senhora Aparecida desejavam reunir-se em uma Irmandade, para promover a devoção e cuidar dos bens da Capela.

Em 25 de maio de 1756, Dom Frei Antônio da Madre de Deus aprovou os Estatutos da Irmandade, que zelou pela Capela e por seus bens até o ano de 1805, quando foi extinta pelo governo. A administração da Capela passou para o Estado, até a data de 7 de janeiro de 1890.

Os devotos chamam de Sítio das Romarias ou das Aparições.

# O MOMENTO MAIS SAGRADO: O ENCONTRO ENTRE O FILHO E A MÃE APARECIDA!

Era o ano de 1761: os romeiros tiravam a Imagem de Nossa Senhora Aparecida de seu trono, com fé, com a humildade de quem quer ter a sua mãe em seus braços, e a Mãe Maior Aparecida ali estava, no momento mais sagrado do encontro entre o filho e a mãe!

No 1º Livro do Tombo da Paróquia de Guaratinguetá, encontra-se o termo da Visita Pastoral, à folha 5:

> [...] fui informado de que algumas pessoas, a quem se tem encarregado o cuidado e zelo da Imagem de Nossa Senhora Aparecida, preocupadas de sua cegueira, permitem que os romeiros durmam e habitem nos corredores da mesma Capela, de que está a Senhora e do Trono a tiram e trazem nas mãos (sem reverência) a Imagem da Senhora, e estas se devem evitar para atalhar maiores irreverências; portanto, ordeno e mando que, daqui em diante, pessoa alguma de qualquer condição que seja não consinta que sem o beneplácito do R. Vigário desta Igreja se continue no referido, sob pena de excomunhão maior esse fato [...] tendo primeiro luzes ou velas acesas, estando o sacerdote de sobrepeliz e estola; incensando primeiro a Imagem e fazendo as mais cerimônias em semelhantes atos, para que o mesmo R. Pároco terá em sua mão a chave da porta do Trono [...].

As primeiras casas foram construídas ao redor da capela, para impedir a prática de dormir dentro dela e no caminho da ladeira voltado para o Rio Paraíba do Sul. Já era o ano de 1770.

Na Visita Pastoral de 1773, o Visitador manda que se "acabem as obras da Capela, e como não chegam as esmolas que tirou o ermitão da Capela", ordenou que "se acabem as obras ditas com o dinheiro do Cofre ou da Irmandade".

As romarias iam aumentando de ano para ano. Até às vésperas do primeiro centenário do encontro da Imagem, em 1817, houve um constante e progressivo crescimento no culto e na devoção a Nossa Senhora Aparecida.

# SEGUNDA PARTE

# 1817 a 1897

## ILUSTRES VISITANTES, O PRIMEIRO SANTUÁRIO E A CHEGADA DOS MISSIONÁRIOS REDENTORISTAS

A história de Aparecida não seria nada
sem o encontro da Imagem pelos três pescadores.
E seria outra, também, a história da devoção a Nossa Senhora
sem os Missionários Redentoristas!

# EUROPEUS, PRÍNCIPES E A PRINCESA ISABEL VISITAM A CAPELA DE NOSSA SENHORA

Os europeus chegaram, escreveram, desenharam Nossa Senhora Aparecida. O que realmente sentiram não foi possível descrever nem mesmo desenhar.

Em outubro de 1817, passou por Aparecida o pintor austríaco Thomas Ender, que desenhou cenas do povoado, da Capela, das romarias e da paisagem de Aparecida.

Nos dias 24 e 25 de dezembro, estiveram em Aparecida os cientistas Johann Baptist von Spix, zoólogo, e Karl Friedrich Philipp von Martius, botânico, e deixaram-nos a seguinte impressão: "[...] A milagrosa Imagem atrai muitíssimos romeiros de toda a província, principalmente de Minas Gerais [...]".

Em 24 de março e em 20 de abril de 1822, visitou Aparecida o naturalista francês Augusto de Saint Hilaire.

No dia 20 de agosto de 1822, viajando do Rio de Janeiro para São Paulo, passou por Aparecida o príncipe Regente Dom Pedro I. Rezou junto à Imagem e prosseguiu viagem para São Paulo, onde, em 7 de setembro, proclamou a Independência do Brasil.

O Vale do Paraíba foi a única região do Brasil a participar diretamente dos acontecimentos, que culminaram com a separação do Reino do Brasil do Reino de Portugal.

João Batista Debret, artista e sociólogo francês, em 1827, entre suas inúmeras telas, deixou-nos uma sobre a devoção a Nossa Senhora Aparecida. Sua tela reproduz a cena de uma senhora subindo a ladeira da igreja com vela acesa na mão, antes de seus escravos, que conduziam uma rede, os cavalos de tropa descarregados e mais devotos subindo o morro a cavalo.

Augusto Emílio Zaluar, formado em medicina em Portugal, poeta e escritor português, visitou a igreja no mês de junho de 1860 e fez esta constatação:

> [...] a protetora Imagem da Senhora Aparecida, que refulge no altar-mor, adornada com um precioso manto de veludo azul, ricamente bordado de ouro, parece sorrir a todos os infelizes que a invocam, e a quem jamais negou consolação e esperança.

A Princesa Isabel, filha de D. Pedro II, esteve visitando Nossa Senhora Aparecida, em companhia de Dom Luiz Felipe, Conde d'Eu, seu esposo, entre os dias 7 e 8 de dezembro de 1868. Vieram a cavalo com uma grande comitiva. Ao terminar a novena no dia 8 de dezembro, chamou o Príncipe, que esperava pela esposa ao lado do padre Joaquim Pereira.

"Padre, esse é um singelo presente para Nossa Senhora", disse a princesa. Quando o padre Joaquim abriu a caixa, viu dentro um lindo manto de veludo azul, com 21 brilhantes. Os brilhantes representavam os 21 estados do Império, no valor de 18 contos de réis. A Princesa veio pedir intercessão a Nossa Senhora para receber a graça da maternidade.

Chegando ao largo, foram homenageados por Antônio Joaquim da Silva Ramos com um solo de trombone de vara. Antônio trombonista era ex-escravo e tocava na capela.

A família voltou novamente, dia 6 de novembro de 1884, para agradecer. O trono já possuía herdeiros. Teve três filhos: Dom Pedro de Alcântara (1875-1940), Dom Luiz Maria Filipe (1878-1920) e Dom Antônio Gastão Francisco (1881-1918). Como devota, ofereceu uma riquíssima coroa cravejada de brilhantes. Com essa coroa Nossa Senhora foi coroada em 8 de setembro de 1904.

A Princesa Isabel faleceu na Normandia, França, no dia 14 de novembro de 1921. Seus restos mortais foram transladados para o Rio de Janeiro, no dia 6 de julho de 1953, e colocados no Mausoléu da Catedral de Petrópolis, RJ.

No jornal "Santuário de Aparecida", de 10 de dezembro de 1921, em um artigo dedicado à Princesa Isabel, lemos:

[...] É, pois, um dever de gratidão que o povo de Aparecida cumpre ao lembrar-se de um modo especial da falecida Princesa Dona Isabel. Como fervorosa devota de Nossa Senhora Aparecida ela deu a este lugar a distinta honra de sua visita no ano de 1868 e aceitou de mui boa vontade a nomeação para servir-se festeira no seguinte ano de 1869. Por essa razão, será celebrada a Missa do trigésimo dia nesta Basílica em 14 do corrente mês, por alma da inesquecível Dona Isabel.

# VAMOS DE TREM PARA APARECIDA DO NORTE

Dom Pedro II, por gratidão a Nossa Senhora Aparecida, após a inauguração da Estrada de Ferro Dom Pedro II, entre a Corte, Rio de Janeiro, e a capital da Província, em São Paulo, posteriormente Estrada de Ferro Central do Brasil, mandou que se construísse a "Estação de Aparecida", inaugurada em 3 de julho de 1887, para facilitar a vinda dos romeiros.

Os romeiros embarcavam em São Paulo, em uma estação chamada "Estação Norte" ou Estrada de Ferro do Norte. Diziam que seu destino era Aparecida da Estação Norte. Com o passar dos anos, eliminaram a palavra estação, ficando apenas "Aparecida do Norte".

No dia 14 de novembro de 1922, o novo edifício da estação ferroviária, de estilo arquitetônico inglês, foi inaugurado.

Aparecida deixou de ser "do Norte", mas continua sendo nosso Norte!

# SEU PRIMEIRO SANTUÁRIO, PARA ABRIGAR TODOS OS SEUS DEVOTOS

## (REEDIFICADO A PARTIR DA CAPELA CONSTRUÍDA EM 1745)

Desde 1745, Nossa Senhora Aparecida ficou em sua segunda capela, no morro dos Coqueiros, com apenas 18 metros de comprimento e 8,40 metros de frente.

Em 1802, já havia uma preocupação com a formosura da Capela.

Aconteceu a primeira intervenção do Governo na Irmandade e na Capela de Nossa Senhora Aparecida, no dia 21 de abril de 1808, com a nomeação do Capitão-mor Jerônimo Francisco Guimarães, da Vila de Santo Antônio de Guaratinguetá, para "Tesoureiro do cofre da Capela e da Irmandade".

A partir de 1808, o saldo do cofre foi empregado em obras públicas. O próprio Dom João VI mandou recolher, por duas vezes, o dinheiro do cofre da Capela para socorrer as necessidades do Estado.

> [...] que se pedisse quanto antes ao atual Provedor de Capela, o Juiz Municipal, autorização para reedificação dos edifícios, que ameaça ruína, e de muita necessidade para acolhimento dos Romeiros, donde provém toda riqueza e decência dessa Capela e que obtida a dita autorização, igualmente deliberou – se ficar o atual Protetor autorizado a lançar mão de três contos e duzentos mil réis do dinheiro existente no cofre grande, quantia esta que foi orçada mais ou menos para as obras [...] ( 1º Livro de Sessões da Mesa Protetória, fls. 41v.).

Em 1843, após quase cem anos, resolveram construir um novo cemitério, dessa vez atrás da Capela, onde, atualmente, encontra-se o Convento das Irmãs de São Carlos Borromeu, pois o pátio e a Capela serviam de cemitério.

A Mesa Administrativa que cuidava dos bens da Capela decidiu, na sessão de 26 de setembro de 1844, demolir a torre e construir outra.

A primeira torre, do lado direito, ficou pronta e foram colocados o galo (seu canto anuncia o nascer do sol), a esfera (retorno da criatura ao Criador) e a cruz (base de todos os símbolos de orientação). Uma das torres traz, como sendo a data de seu acabamento, o ano de 1846, a outra, o ano de 1848.

Com respeito às obras, a primeira providência foi ativar a pedreira "Cachoeira", que, localizada no caminho de Cunha, desde 1820, pertencia à Capela. As pedras foram transportadas em carros de boi, trabalho feito pelos escravos do Padre Francisco Antunes de Oliveira.

Em 1849, a Mesa Administrativa fez esta observação: dar a oportunidade para beijar a Imagem e tirar medidas dela, para maior aumento da fé que lhe consagram.

Visita de Dom Antônio Joaquim de Mello no dia 23 de junho de 1854:

> [...] sobre esta mesma Capela. Haverá sempre nela o Santíssimo Sacramento no Tabernáculo e se conservará a luz, a conta das esmolas que se dão ao Santuário [...]. Nas quintas-feiras, depois da Missa, haverá Bênção com o Santíssimo Sacramento.

Esse costume é mantido até os dias de hoje.

Em 7 de outubro de 1856, foi colocado na torre o grande sino de 105 arrobas, que foi fundido em São Paulo e, primeiramente, levado de carro até a cidade de Jacareí, SP, e depois pelo Rio Paraíba do Sul. Em 7 de outubro de 1858, foi comprado um sino pequeno no Rio de Janeiro.

O primeiro serviço de água encanada para a Capela e para as ruas foi realizado com os recursos do cofre da Santa.

Desde o oratório do bairro Itaguaçu, foram deixados os "ex-votos" para pagar suas promessas. Nossa Senhora recebeu muitos escravos que, ao chegarem à Capela, tornavam-se africanos livres, além de joias, casas e junta de gado. Possivelmente, esses animais foram dados a Nossa Senhora em pagamento de alguma promessa.

*Lateral direita da Basílica Histórica.*
*Arquivo Museu Municipal Prof. José Luiz Pasin.*
*Data desconhecida*

A pintura total da Capela iniciou-se em 20 de julho de 1867 e terminou em 1868, no período em que se deu a visita da Princesa Isabel. Em 1875, foi acrescentada à Imagem um pedestal de prata.

No ano de 1877, houve a inauguração das duas torres. No dizer do Padre José Wendel, C.Ss.R., "as torres detinham os romeiros, quando ainda longe avistavam, para um instante de preces e de alegria. E, apeando-se de seus cavalos, ajoelhavam-se no chão, agradecendo a Deus e cantando hinos à Senhora Aparecida".

Por volta de 1878, residia em Guaratinguetá, SP, vindo de Salvador, BA, o Frei Dr. Joaquim do Monte Carmello, amigo do Dr. José de Barros Franco, Juiz Municipal de Guaratinguetá-SP, um dos administradores dos bens da Capela de Nossa Senhora Aparecida; e, de comum acordo, o Frei Monte Carmello aceitou a proposta para concluir a construção da igreja. As obras tiveram início em 6 de julho de 1878. Em dezembro de 1878, Frei Monte Carmello autorizou a demolição da antiga Capela para dar às naves as proporções exatas.

> A Mesa Administrativa deliberou, em 15 de agosto de 1882, colocar na Capela (povoado) sete lampiões para iluminação noturna, cujas despesas de assentamento e conservação devem ser feitas pelos cofres da dita Capela até que a Câmara Municipal a chame a si; duas torneiras d'água, uma na rua Nova e outra em frente ao Cemitério. Vender quatro coroas de ouro, sendo uma cravada de brilhantes, outras de prata, alguns castiçais pequenos (quatro) e outros objetos improdutivos, pede a V.Sa. a necessária autorização para prover as despesas inerentes àquelas obras e bem assim para vender da forma que mais convier aos interessados da Capela os objetos mencionados.

Frei Monte Carmello teve a colaboração do pintor Thomas Driendl (Munique, 1846 – Rio de Janeiro, 1916), residente no Rio de Janeiro, para pintar os seis painéis, que, colocados na cornija da igreja, representam alguns milagres de Nossa Senhora Aparecida:

**– o milagre da pesca milagrosa;**

**– o milagre das velas acesas;**

**– o milagre do escravo Zacarias:** ao passar em Aparecida, tendo avistado a Capela de Nossa Senhora, pediu ao Capitão do mato que o deixasse aportar para ver a Santa; ali suplicou clemência a Nossa Senhora Aparecida, por ter fugido de uma fazenda de Curitiba, PR, sendo capturado em Bananal, SP. Foi atendido, pois, enquanto Zacarias estava em oração, caíram as correntes do pescoço e dos pulsos. O fazendeiro de Curitiba, surpreendido ao receber o atestado do tesoureiro da Capela de Aparecida narrando o acontecido, deixou o escravo para Nossa Senhora, enviando mais dois: João Belin, organista da Capela, que tocava a ladainha de Nossa Senhora com um dedo da mão direita, enquanto a esquerda fazia ligeiro acompanhamento; e sua irmã Lúcia, que assumiu o serviço de passadeira e engomadeira das alfaias.

**– O milagre da menina cega de Jaboticabal-SP:** dona Gertrudes Vaz tinha um filho, cujo nome era Malaquias, e uma menina, que era cega. A menina pediu que a mãe a levasse à Capela de Aparecida, pois tinha certeza de que Nossa Senhora Aparecida a faria enxergar de novo; por isso foi com a filha em romaria. Ao chegarem à curva do caminho do Itaguaçu, no morro das Pitas, a menina chamou pela mãe, dizendo que estava enxergando a Capela de Nossa Senhora Aparecida, no morro dos Coqueiros.

**– O caçador que escapou de uma onça:** diante de uma onça, Tiago Terra, não tendo forças nem armas para se defender, na iminência de ser atacado pela onça, deu um forte grito: "Valha-me, Nossa Senhora Aparecida!" Nesse momento, a onça ficou assombrada e seguiu um caminho diferente, deixando Tiago ileso.

**– O milagre do menino Marcelino:** "[...] Meu pai na canoa passava para o outro lado com oito pessoas e entre elas um de meus irmãos, Marcelino da Silva, que tinha apenas 10 anos. Faltando dois metros para chegar ao porto, meu irmão caiu na água. Meu pai, confiando na poderosa Virgem de Aparecida, tirou somente o chapéu. Deixando as pessoas no porto, voltou para salvar seu filho que já tinha rodado oito metros. Eu e minha mãe estávamos do outro lado do rio e vimos tudo; de joelhos pedimos a Nossa Senhora que ele não morresse até que meu pai fosse salvá-lo. Meu pai chegou a tempo. Salvou-o, agarrando-o pelos cabelos; ele não tinha bebido uma gota sequer d'água".

Vamos recordar a Sala dos Milagres, como era conhecida.

A sala dos milagres teve início no oratório de pau a pique ou taipa de mão, no bairro Itaguaçu, com os devotos deixando seus "ex-votos" pendurados nas paredes da capela, em mais ou menos 1732. Em 1810, os documentos registram que os cubículos das naves laterais da igreja eram ocupados com os ex-votos. Os padres respeitavam essa "devoção", que foi mudando, sempre para um espaço maior. Hoje, está no subsolo do Santuário Nacional, com uma área de 1.300 m$^2$. O teto da sala das Promessas atualmente está coberto por, aproximadamente, 130 mil fotos. E novamente está pequena, e sempre estará.

[...]
Romeiros de joelhos,
com a esperança erguida,
trazemos-te as mágoas,
levamos a Alegria.

*Dom Pedro Casaldáliga – 1988*

E o Frei Dr. Joaquim do Monte Carmello continuou sua obra.

Dois púlpitos de madeira foram esculpidos em cedro da Bahia, incrustrados na parede com seis imagens: a de São Joaquim, São José, Santa Isabel, São João Batista, dignos progenitores, pai, esposo, prima e sobrinho, que ficaram nos quatro primeiros nichos, e as de São Elias e São Bernardo nos dois últimos.

*Fotografia do antigo altar de madeira de N. Sra. Aparecida. Data desconhecida. Arquivo pessoal*

Em fevereiro de 1882, chegou da Itália, via alfândega do Rio de Janeiro, um altar, oito soleiras e uma pia batismal. Ainda no altar-mor, foram colocadas colunas com alegorias das virtudes: Esperança e Caridade, à frente; Fé e Justiça, nas laterais. Todas as peças são de mármore branco, ainda hoje na Basílica.

No dia 22 de junho de 1886, o maestro Isaac Júlio Barreto, organista e mestre-capela da Capela de Nossa Senhora Aparecida, fundou a Banda Aurora, com apoio do Padre Miguel Martins da Silva. Após alguns anos, tornou-se "Corporação Musical Aurora Aparecidense".

A primeira notícia dos preparativos para a inauguração da Capela encontra-se na Ata de 29 de fevereiro de 1888.

O Frei Monte Carmello não celebrava missas há algum tempo, por motivos que só a ele eram afetos. A primeira missa foi celebrada por ele. O Coronel Pires do Rio afirmou: "Após a missa, o celebrante foi abraçado por quase todos que a ela assistiram, confundindo-se as lágrimas dos abraçadores com as do abraçado". Era o dia 24 de junho de 1888, um domingo.

Dom Lino Deodato Rodrigues de Carvalho, bispo de São Paulo, celebrou às 10h30 a missa de inauguração.

No dia 7 de janeiro de 1890, o Decreto n. 119, do Governo Provisório, aboliu o direito do Padroado (dava ao rei um poder muito grande nos assuntos religiosos) de nomear os bispos, separando a Igreja do Estado. A administração da Igreja foi devolvida ao bispo diocesano.

Dom Lino assumiu a administração da igreja e nomeou uma comissão administrativa composta de três membros: Capelão, Frei Dr. Joaquim do Monte Carmello, Tesoureiro, o Major Antônio Martiniano de Oliveira Borges, e o Cônego, Honório Benedito Ottoni como Escrivão.

Em 28 de novembro de 1893, Dom Lino Deodato elevou a igreja à dignidade de "Episcopal Santuário de Nossa Senhora Aparecida" e conferiu-lhe o direito de paróquia, agora separada da paróquia de Guaratinguetá. O primeiro pároco foi o padre Claro Monteiro do Amaral.

Os 14 quadros da Via-Sacra, pintados pelo Irmão Schmalz, C.Ss.R., foram inaugurados em 1 de março de 1896.

No ano de 1898, o papa Leão XIII aprovou oficialmente o culto litúrgico a Nossa Senhora da Conceição "Aparecida", incluindo sua festa no calendário da Igreja.

O primeiro altar da Capela do Santíssimo era de madeira. O de mármore foi inaugurado em 25 de abril de 1934, com pombas esculpidas em mármore, ao lado do sacrário, da cruz de mármore, abaixo da imagem do fiel pelicano, ave que simboliza a Eucaristia, pois, na época de estiagem, não tendo alimento, a mãe pelicano fere o próprio peito para dar de comer a sua própria carne aos filhotes.

Em 15 de dezembro de 2017, a paróquia Nossa Senhora Aparecida foi transferida para a Igreja de São Benedito. A paróquia recebeu um novo título: Paróquia Nossa Senhora da Conceição Aparecida e São Benedito. O devoto, mesmo passados anos, guardará em sua memória: "Viva Nossa Senhora Aparecida!" "São Benedito, rogai por nós!"

# OS "FILHOS DE SANTO AFONSO" CHEGAM A APARECIDA

Para dar assistência aos devotos que chegavam para cumprir suas promessas, Dom Joaquim Arcoverde, bispo auxiliar de São Paulo, e Dom Eduardo da Silva, bispo de Goiás, viajaram até Roma e solicitaram ao Pe. Matias Raus da Congregação do Santíssimo Redentor, que enviasse missionários para os Santuários de Aparecida e Goiás. Essa Congregação foi fundada por Santo Afonso Maria de Ligório (1696-1787), em 9 de novembro de 1732, na cidade italiana de Scala, e aprovada pelo papa Bento XIV em 25 de fevereiro de 1749. A Congregação tem como lema "Copiosa apud eum Redemptio" – "Com ele (Jesus) a Redenção é Abundante". Santo Afonso, que, no capítulo I do Tratado, escreveu sobre Nossa Senhora com o título "Glórias de Maria", abriu o capítulo com esta saudação: "Salve, Rainha, Mãe de Misericórdia". E ainda [...] "Nossa confiança em Maria deve ser ilimitada, porque ela é Rainha da Misericórdia".

Os padres vieram do sul da Baviera, do Convento de Gars am Inn. Eles haviam trabalhado antes no Santuário de Altöting, da Virgem Negra. Vieram de 9.754 km de distância. Embarcaram no navio "Brésil", saindo da França em 5 de outubro de 1894 e chegando ao Rio de Janeiro no dia 20 do mesmo mês.

Assim se expressou Padre Gebardo Wiggermann: "Parecia-nos estar em um mundo fantástico. Ao acordarmos no outro dia, sentimos a beleza tropical da cidade: palmeiras, pássaros, flores, montanhas e o mar..."

Encontraram as praias desertas, pois a febre amarela devastava os habitantes. Viajaram no dia 24 de outubro para São Paulo, SP. Pe. Lourenço Gahr anotou: "Às 3 horas passamos por Aparecida, nosso futuro destino, o mais célebre santuário do Brasil, edificado em uma colina, um pouco mais alta do que a de Vilsbiburg, uma esplêndida igreja com três naves e duas torres".

No dia 28 de outubro, após o almoço, foram recebidos por Dom Joaquim Arcoverde, que assim se expressou: "Os senhores são minha esperança, sou seu irmão e amigo", e, às 16h30, embarcaram no trem da Estação Norte, com destino ao encontro de Nossa Senhora Aparecida, seus romeiros e os aparecidenses.

Chegaram, mais ou menos, às 23h os padres Lourenço Gahr (1829-1905), José Wendl (1844-1916) e os irmãos Rafael (1863-1906), Simão (1866-1956) e Estanislau (1842-1920). Os demais irmãos e padres, entre eles Gebardo e João Spaet, foram para a fundação, na então cidade de Campininhas das Flores, onde chegaram dia 12 de dezembro de 1894, em Goiás (hoje Campinas, um bairro de Goiânia, onde está localizado o atual Santuário de Nossa Senhora do Perpétuo Socorro). Em Aparecida, na residência do tesoureiro João Maria de Oliveira, foram agraciados com uma farta refeição, enquanto a banda de música tocava.

Vieram 13 religiosos, 6 padres, 1 subdiácono e 6 irmãos. Em Aparecida, os dois padres e três irmãos, nomeados para o Santuário, ficaram hospedados nas casas da Santa, um pouso dos romeiros, nos números 1 e 2. Uma morada simples, como a primeira moradia de Santo Afonso em Scala, na Itália.

No dia seguinte, celebraram a primeira missa, quando puderam finalmente conhecer a igreja e rezar aos pés da Imagem Aparecida. Assim foi o primeiro encontro... Nossa Senhora Aparecida, seus romeiros e os padres redentoristas: bendito encontro.

*Arquivo pessoal. 1904*

Irmão Estanislau enviou uma carta à Alemanha, na data de 18 de novembro de 1894, dias após a chegada: "A imagem está no altar-mor em um nicho de vidro. É negra, e os negros se alegram porque, dizem, 'ela saiu de nosso meio. É Imaculada Conceição'".

Aparecida era um vilarejo com mais ou menos 500 habitantes.

Embora padre Lourenço não tenha conseguido aprender o português, ele ficou como Superior da Comunidade até os padres aprenderem a língua portuguesa. O Pároco continuou sendo o Pe. Claro Monteiro do Amaral.

Em 1º de junho de 1895, o Padre Lourenço Gahr, C.Ss.R., escreveu: "[...] Há coisas comoventes; alguns fazem a promessa de subir de joelhos a rua principal, calçada de grandes pedras irregulares, morro acima, e o fazem vestidos de penitentes, rezando e cantando. Após seis minutos, tingem-se as pedras de seu sangue [...]".

A partir de 1895, o padre Gebardo Wiggermann, superior da Missão no Brasil, transferiu a sede de Goiás para Aparecida e assumiu a renovação pastoral dos peregrinos.

Em 29 de maio de 1895, os redentoristas chegaram a Barro Preto, atual Trindade, GO.

Em 3 de outubro de 1897, os missionários pregaram a primeira Missão Popular na cidade de Areias, SP. É difícil citar um município que não recebeu uma missão, abrangendo todos os estados.

Os padres redentoristas apresentavam-se sempre de batina preta, dobrada na frente, da direita para a esquerda, para facilitar o andar a cavalo, colarinho branco e um rosário de Maria, pendente ao lado esquerdo, em forma de M, lembrando a Virgem Maria.

*Missionários Redentoristas. Ano desconhecido. Arquivo Pessoal*

Com a chegada dos Missionários, já no ano de 1898, no dia 3 de outubro, foi fundado o Seminário Redentorista ou Juvenato, um centro de formação de jovens que se destinavam ao sacerdócio, como eram chamados na Congregação. Tratava-se de um pequeno chalé, na rua Nova.

No dia 18 de março de 1902, foi comprado o Hotel Arlindo, antigo Hotel Precioso, que, situado na Praça Dr. Licurgo dos Santos, atual Praça Nossa Senhora Aparecida, depois se chamou Royal Hotel e, finalmente, Hotel Recreio. Hoje, o prédio foi transformado na Galeria Recreio. Em 1916, os seminaristas foram para o bairro da Pedrinha, antigo bairro de Nossa Senhora da Piedade, em Guaratinguetá, SP, para a construção do Seminário em Aparecida.

Em 1929, a Arquidiocese de São Paulo cedeu parte do Colegião para que nele funcionasse o Seminário Santo Afonso. No dia 14 de março de 1949, a Arquidiocese de São Paulo pediu o Colegião ou "Casa de Nossa Senhora" e foi entregue dia 14 de janeiro de 1952.

Finalmente, em 28 de outubro de 1953, a nova sede do Seminário Redentorista Santo Afonso foi inaugurada, apresentando um formato especial, nas letras E e M, para dizer: "Escolhidos por Maria". Sobre o altar está escrito: "dies impendere pro Redemptis" (gastar os dias em prol dos Redimidos). A planta é do padre Luiz Inocêncio Pereira, C.Ss.R.

Os redentoristas foram, são e serão missionários:

> [...] Lancemos um olhar para as missões dos Redentoristas. Os resultados são estupendos e isso se deve, em grande parte, à dedicação e à habilidade desses bons padres. Mas, certamente, muito se deve também à grande Missionária da Misericórdia divina – Nossa Senhora Aparecida, em torno da qual se desenvolve todo o trabalho dos Redentoristas. [...] (Dom Octávio Chagas de Miranda, Bispo de Pouso Alegre, MG. 2 de setembro de 1929.)

# TERCEIRA PARTE
# 1898 a 1957

## O NOVO SANTUÁRIO, A EVOLUÇÃO PASTORAL E OS TÍTULOS DA RAINHA E PADROEIRA DO BRASIL

[...] Me disseram, porém,
que eu viesse aqui, pra pedir
de Romaria e prece
paz nos desaventos,
como eu não sei rezar só queria mostrar
meu olhar, meu olhar, meu olhar.

*Renato Teixeira – Romaria (1977)*

# O INÍCIO DAS ROMARIAS PAROQUIAIS

Primeiro os de casa, depois os vizinhos, os de mais longe, romeiros de todo o Brasil e até os que moram fora de nossas fronteiras.

O momento mais aguardado pelos romeiros é o de aproximar-se da Imagem por instantes e terem o privilégio de um íntimo momento de oração. Quando erguem o olhar para a Senhora, seu rosto é de esperança e confiança; é o momento do diálogo silencioso... e da restauração das forças, diante da Imagem de Nossa Senhora Aparecida!

No ano de 1893, e durante seis anos consecutivos, o Sr. Aristides Madureira, da cidade de Santa Maria de Água Quente, BA, vinha com sua família e mais um grupo de romeiros, inclusive crianças, a cavalo. Hospedavam-se no Chalé da Santa – viajavam seis meses, três para vir e três para voltar, atravessando o sertão da Bahia. Após uma semana em Aparecida, regressavam agradecendo-lhe e pedindo bênção para o ano!

Em outubro de 1897, o Padre Valentim von Riedl, C.Ss.R., escreveu a seu superior na Alemanha sobre os romeiros:

> Construída sobre a colina, suas duas torres são visíveis de longe, e Nossa Senhora domina verdadeiramente, como Senhora, toda a região. Seus devotos vêm de toda a parte do Brasil; do norte, sul, leste e oeste, às vezes alguns viajando meses inteiros, não achando longa demais a caminhada para poderem homenagear Nossa Senhora, agradecer-lhe e pedir-lhe novas graças. São negros, brancos, pardos; são senhores e damas ricamente trajadas e pobres malvestidos; ministros de Estado, militares uniformizados ajoelham-se junto de um maltrapilho e, com vela acesa nas mãos, fazem suas orações e cumprem suas promessas. É comovente verem-se senhores e senhoras distintas assistirem de joelhos a até três missas em cumprimento de promessas; mais comovente ainda, quando se arrastam de joelhos até o trono da Virgem, ou varrem a igreja, levando o lixo para fora, na borda de seus longos vestidos de seda. De fato, é uma fé viva, filial e simples, havendo casos de famílias se privarem de tudo para dar a Nossa Senhora. Vê-se assim uma devoção generosa, um estar pronto para o sacrifício.

No dia 1 de maio de 1898, foi inaugurada uma linha do bondinho puxado por burros, que corriam sobre trilhos. Os animais, em número de três, não desciam a ladeira com o bonde; desciam, antes, um burro de reserva e outro para buscar o capim. Os bondes transportavam os romeiros entre a estação da estrada de ferro e a Capela de Nossa Senhora Aparecida.

Na passagem do século XIX para o século XX, os bispos do Brasil recomendaram ao clero e aos fiéis as romarias como homenagem a Nossa Senhora Aparecida.

Em 1900, tiveram início as grandes romarias paroquiais. Duas romarias destacaram-se: a primeira, chefiada por Dom Cândido Alvarenga, bispo de São Paulo, no dia 8 de setembro, com 1.200 peregrinos, vindos em trens especiais; a outra, organizada por Dom Joaquim Arcoverde, do Rio de Janeiro, aconteceu em 16 de dezembro e veio com 12 vagões da Central do Brasil.

A romaria é um culto a Nossa Senhora Aparecida, um grupo alegre que viajava em caminhões, trens e, até mesmo, a pé. Desde 1732, temos notícias de romeiros chegando, os quais deram ao povoado o nome de "Sítio das Romarias".

Assim se expressou a Professora Conceição Borges Ribeiro Camargo:

> [...] aquela fila de carros na estrada pequena e tortuosa entrava na Capela da Virgem Aparecida, cantando a duas vozes: o cântico do romeiro e o canto do carro. Dois cantares que se fundiam para transbordar a fé e a saudade.
>
> Havia carreiros que eram contratados para essas romarias e sentiam-se felizes com a profissão: entravam cantando em Aparecida [...], benziam-se ao descer no chão abençoado da Capela e cantavam subindo a ladeira; o que cantavam em toda a caminhada: hinos para Nossa Senhora, surpreendendo os moradores e aqueles que estavam na mesma estrada. [...]
>
> Na estrada, sabia-se que a romaria vinha para Aparecida. Eram cinco, seis juntas de boi luzidios, tratados com zelo. Havia carreiros caprichosos, gostando de bois brancos, quando traziam casamento, e, ao longe, ouvia-se 'ó rio branco, algodão, paina, ô cascata marfim'.
>
> Outros carreiros, poupando-se do trabalho de limpar o pó do caminho nos animais, já os traziam de cor castanha, chamando-os: 'ô dourado, camarão, raio de sol, ô melado, canela, ô rapadura'.

> Lavavam os pés no ribeirão da Ponte do Sá, para entrarem na Capela. Penteavam-se, trocavam as roupas, calçavam-se e iam mancando. Não estavam acostumados com os sapatos. Quando, na subida da ladeira, eram obrigados a tirá-los, tal o sofrimento.
>
> [...] Os romeiros não se esqueciam de tirar o retrato perto do carro de boi com os retratistas: Emídio Moreira, Jerônimo Bessa, Sambonha e Augusto Monteiro [...].

Todos os sábados, às 8h30, havia missa cantada, e, após a missa, o beijamento solene da Imagem.

Houve uma romaria assim; entoando a oração depois da bênção do Santíssimo: "Deus e Senhor nosso", quando todos chegavam à frase "protegei o chefe da nação e do Estado", a romaria rezava: "protegei o chefe da estação e da estrada".

Vindo da cidade de Itajubá,MG, no dia 8 de abril de 1911, chegou a Aparecida o ex-presidente da República Wenceslau Brás, acompanhado de sua esposa, sogra, de seus filhos e mais 20 pessoas. Vieram a pé, percorrendo um trajeto de 15 léguas, atravessando a Serra da Mantiqueira.

A praça, conhecida como Largo da Capela, posteriormente Dr. Licurgo dos Santos, hoje Nossa Senhora Aparecida, em frente à igreja, ficava tomada por muitos carros que conduziam os devotos.

Sob os pés de Nossa Senhora Aparecida estiveram rezando os ex-presidentes: Francisco de Paula Rodrigues Alves (1902), Hermes da Fonseca (1922), Artur Bernardes (1924), Getúlio Vargas (1940), Juscelino Kubitschek (1958), Artur da Costa e Silva (1967), Aureliano Chaves (Presidente em exercício, em 12 de outubro de 1981), José Sarney (1985), Fernando Henrique Cardoso (1998) e o atual presidente, Jair Bolsonaro, o único presidente em exercício a comparecer no dia 12 de outubro de 2019, dia da Padroeira. Alguns vieram mais de uma vez.

Até o ano de 1954, há registros da vinda dos romeiros por trem. Em 1957, foi aprovado pelo Departamento de Estradas de Rodagem do Estado de São Paulo o transporte em caminhões, que ficaram conhecidos por "paus de arara".

A partir de 1965, os caminhões que trafegavam com romeiros foram proibidos de percorrer a via Dutra, inaugurada em 1951.

É impossível escrever sobre todas as romarias e suas origens... Com suas bandeiras, fitas ao peito e um só hino, de autoria do Dr. José Vicente de Azevedo, subiam a Ladeira Monte Carmelo:

> [...] Aqui estão vossos devotos,
> cheios de fé incendida,
> de conforto e de esperança,
> ó Senhora Aparecida! [...]

## CÂNTICO DOS ROMEIROS

*Escrito pelo então seminarista de Pouso Alegre, MG, em 1923, e, depois, Cônego Augusto José de Carvalho*

*Dai-nos a bênção,*
*ó Mãe querida,*
*Nossa Senhora,*
*Aparecida!*

*Sob esse manto*
*do azul dos céus,*
*guardai-nos sempre*
*no amor de Deus!*

*Eu me consagro*
*ao vosso amor,*
*ó Mãe querida*
*do Salvador!*

*Sois nossa vida,*
*sois nossa luz,*
*ó Mãe querida*
*do meu Jesus!*

*Para bem longe*
*vamos partir;*
*ó Mãe querida,*
*vem nos seguir!*

*Vamos partir,*
*ó Mãe dos céus,*
*dai-nos a bênção!*
*Adeus! Adeus!*

# NOSSA SENHORA APARECIDA É COROADA "RAINHA DO BRASIL"

No ano de 1903, os bispos da Província Eclesiástica Meridional do Brasil pediram ao papa Pio X, hoje Santo, para coroar solenemente a Imagem Milagrosa de Nossa Senhora Aparecida em 1904.

A pedido do bispo de São Paulo, Dom José de Camargo Barros, e do arcebispo do Rio de Janeiro, Dom Joaquim Arcoverde de Albuquerque Cavalcante, e orientado pelo Núncio Apostólico, Dom Júlio Tonti, o papa Pio X (hoje São Pio X – Ordem Franciscana Secular), conhecido como o Papa da Eucaristia, o qual assim se expressou: "Nasci pobre, vivi na pobreza e quero morrer pobre", autorizou a coroação de Nossa Senhora Aparecida, na data de 28 de dezembro de 1903.

No dia 8 de setembro de 1904, Aparecida contava com mais ou menos 2.000 habitantes, e chegaram 15 mil romeiros e 14 bispos. Desde às 3h, foram celebradas missas pelos bispos e sacerdotes que chegaram à cidade.

Em sete altares da igreja e nas capelas do convento dos padres redentoristas e do Colégio Santo Afonso, a celebração da missa não foi interrompida.

Muitas eram as grandes peregrinações que chegavam de São Paulo, Rio de Janeiro, Minas Gerais, em especial de Juiz de Fora. Ainda madrugada, os trens chegavam, e os romeiros subiam a ladeira com velas acesas, rezando e cantando.

A missa da coroação teve início. Depois do Evangelho, Dom Joaquim Arcoverde fez um discurso em latim, contando a história de Nossa Senhora Aparecida:

> [...] Porquanto essa coroa de ouro nada mais é do que o testemunho autêntico da multidão, grandeza, do esplendor e da perenidade dos milagres que por mais de dois séculos têm sido operados por meio da Imagem de Nossa Senhora Aparecida. [...]
> A vós me dirijo, filhos daquele Santíssimo Doutor da Igreja, amante como poucos de Maria Imaculada, cujo nome trazia sempre nos lábios e no coração, a qual nunca cansou de louvar com ardor seráfico em seus escritos, vós, repito, sequazes filhos de Afonso de Ligório e insignes imitadores de

> tão ilustre pai e fundador. Como são doces e suaves os louvores de Maria proferidos por vossos lábios nas vossas prédicas! [...]
> A vós aqui agora todos esses bispos aos quais foi confiado o cuidado de rebanho de Nosso Senhor, em unânime consenso, saúdam como Rainha do clero e de suas dioceses.
> Vosso, portanto, vosso, repito é o Brasil e de vossas mãos ninguém o arrebatará, ó Virgem Nossa Senhora Aparecida. [...].

O Arcebispo do Rio de Janeiro, profundamente sensibilizado e entusiasmado, porque o bispo de São Paulo abraçou a festa da Coroação, quis dar um testemunho de quanto lhe era grato, assim subdelegou ao bispo de São Paulo, Dom José de Camargo Barros, a honra elevadíssima de coroar a Imagem da Senhora Aparecida.

O mestre de cerimônia já tinha tudo ordenado; estava diante do altar o bispo Dom José de Camargo, que subiu até o trono, onde estava a Imagem; diante dele, de joelhos, estava o Superior dos Redentoristas, padre Gebardo Wiggermann, sustentando nas mãos, sobre riquíssima almofada, a preciosa coroa de ouro (presente da princesa Isabel); o bispo tomou a coroa, levantou-a e a sustentou sobre a cabeça da Veneranda Imagem. Silêncio profundo reinou no meio de toda aquela multidão; todos se levantaram na ponta dos pés para melhor enxergarem. Até aquela hora o sol esteve encoberto; de repente, abriram-se as nuvens, o sol derramou seus raios, que iluminaram o altar e a Imagem. Estava coroada a Virgem de Aparecida. Era meio-dia em ponto.

No período da tarde, tivemos a inauguração do monumento da Imaculada Conceição, em frente à igreja de Nossa Senhora Aparecida. Às 17h saiu a procissão. Fez o longo giro da povoação, subindo pela longa rua da calçada. Ao final, regressaram levando consigo a lembrança do momento da coroação.

"É verdade; os olhos já não enxergavam a Imagem da Virgem Aparecida. Pouco importa; nós a trazíamos em nossas almas" (Monsenhor José Marcondes Homem de Mello, bispo de São Carlos).

# BASÍLICA MENOR – PRIMEIRA BASÍLICA DO BRASIL

Antes de receber o título de Basílica Menor, em 19 de dezembro de 1906, Aparecida foi elevada à categoria de Vila (povoação). Passou a ter seu Vereador e Subprefeito eleitos trienalmente pela Câmara Municipal de Guaratinguetá.

Foram concedidos pelo papa Pio X, hoje São Pio X, o título e a dignidade de "Basílica Menor" (quando a igreja está fora de Roma, independentemente de seu tamanho), em 29 de abril de 1908.

Basílica é a denominação de um templo católico, destacado por sua importância para a comunidade cristã. O termo vem de "basileus", que significa Casa Real. Basílica Menor é uma igreja importante pela veneração, por sua excelência histórica e pela beleza artística de sua arquitetura e decoração. O Arcebispo Dom Duarte Leopoldo e Silva, no dia 5 de setembro de 1909, fez a sagração da igreja como "Basílica Menor".

Uma grande romaria saiu de São Paulo, levando os emblemas da Basílica: o gonfalão, uma espécie de sombrinha com listras amarelas e vermelhas; o tintinábulo tem a forma de uma pequena torre de madeira dourada, coroada pelas armas pontifícias, que é fixada em uma haste, tendo suspenso no meio um pequeno sino.

Passados alguns anos, no dia 15 de dezembro de 1912, foi inaugurada a nova residência, ou o convento dos padres redentoristas, localizada no lado direito da Basílica Histórica.

Os sinos da Basílica Histórica anunciaram a emancipação política e administrativa na noite de 17 de dezembro de 1928, com a banda de música "Aurora Aparecidense", com muito foguetório, muita alegria e cerveja, distribuída à vontade para o povo.

A nova denominação e reinauguração da praça fronteiriça à Basílica recebeu o nome de "Praça Nossa Senhora Aparecida"; foi o primeiro ato dos poderes Executivo e Legislativo municipal.

Sim, a Praça Nossa Senhora Aparecida é uma extensão da Basílica Histórica e é dos romeiros!

## NOSSA SENHORA APARECIDA, "PADROEIRA DO BRASIL"

Chegou o grande dia, 30 de maio de 1931. Foi o dia dos preparativos da primeira viagem oficial da Imagem de Nossa Senhora Aparecida à então capital do Brasil, Rio de Janeiro.

Para a comemoração, foi organizado o Congresso Nacional da Padroeira do Brasil, de 24 a 31 de maio, no Rio de Janeiro.

Noite de 30 de maio, sábado, no largo da Basílica, foi preparada a procissão que levaria a Imagem até a estação ferroviária. O Vigário, Pe. José Francisco, tirou a Imagem do trono e colocou-a no andor, com as preces e lágrimas dos aparecidenses e romeiros.

O Arcebispo conduziu a Imagem do andor para o salão-capela, como ficou conhecido o vagão do trem de Nossa Senhora. O trem começou a se movimentar lentamente. Eram exatamente 22h30. Ele foi parando em todas as estações. As flores em uma estação entravam e na outra saíam, era o pedido dos devotos; só uma pétala de lembrança de Nossa Senhora Aparecida.

O trem chegou às 7h na estação D. Pedro II. De lá foi em procissão até a igreja São Francisco de Paula, no largo de São Francisco, chegando às 9h. Na igreja, viu-se a inscrição: "Senhora Aparecida, protegei o Brasil". Ali aconteceu a missa campal.

No período da tarde, a Imagem foi colocada em um carro-andor e levada para a praça Esplanada do Castelo. Dom Sebastião Leme iniciou o solene ato da proclamação de Nossa Senhora Aparecida como "Padroeira do Brasil".

Na volta, o trem, com a Imagem de Nossa Senhora, parou na Estação Belém (hoje, Japeri). As pessoas foram de manhã para saudar a Imagem e, tendo o trem passado, ficaram esperando a sua volta. Após 40 horas de ausência, a Imagem Milagrosa voltou, em seu trono dourado.

Como lembrança da consagração do Brasil a Nossa Senhora Aparecida, gravou-se, sob seu nicho, a seguinte frase: "Ó Senhora da Conceição Aparecida, mostrais que sois a Padroeira de nossa Pátria e a Mãe querida do Povo Brasileiro! Abençoai, defendei, salvai o vosso querido Brasil".

E assim o Cardeal Dom Sebastião Leme enviou ao papa Pio XI o seguinte telegrama: "Multidão, cerca talvez de um milhão de fiéis [...]".

# SANTUÁRIO NACIONAL DE NOSSA SENHORA APARECIDA: MAIOR SANTUÁRIO MARIANO DO MUNDO, O SÉTIMO ALTAR EM HONRA A NOSSA SENHORA APARECIDA

No almanaque de Nossa Senhora Aparecida de 1927, o padre Francisco Brás Alves, C.Ss.R., escreveu: "Tempo virá em que os servos e devotos de Nossa Senhora lhe erguerão uma igreja de grandes dimensões, obedecendo às exigências do tempo e o fervor religioso dos corações".

Aos 17 de setembro de 1939, tomou posse como Arcebispo de São Paulo Dom José Gaspar de Afonseca e Silva, mineiro de Araxá, MG. Sua primeira visita oficial fora da capital foi à Senhora Aparecida, na data de 23 de novembro do mesmo ano. Dom José Gaspar fez o compromisso junto aos fiéis de construir uma nova Basílica. Escolheu as colinas ao leste de Aparecida, o morro do Cruzeiro.

Os três engenheiros, Dr. Guilherme Winter, Luiz Anhaia Melo e Amador Cintra Prado, após minucioso estudo, chegaram à conclusão de que o terreno não era propício para a grande construção da nova Basílica. Outro local indicado foi atrás da Basílica; no entanto, os proprietários não quiseram vender suas terras.

Uma notícia muito triste foi dada aos 27 de agosto de 1943: em um desastre de avião, morreram o Arcebispo Dom José Gaspar de Afonseca e Silva e seus companheiros de viagem.

No ano de 1946, no dia 10 de junho, vindo do Rio de Janeiro, da segunda semana de Ação Católica, o Cardeal Dom Carlos Carmelo de Vasconcellos Motta chegou a Aparecida.

O dia 12 de junho de 1946 foi decisivo para a história de Aparecida e da Basílica de Nossa Senhora Aparecida. Em uma reunião, o Cardeal Dom Motta, em momento decisivo, levantou-se dizendo: "Decidimos! A Basílica começará, e logo!"

O lugar da construção escolhido foi o morro das pitas, no lado direito da cidade, nas imediações do bairro da Ponte Alta. O local não pertencia à paróquia de Aparecida. Em fevereiro de 1951, o Cardeal Motta e o bispo de Taubaté, Dom Francisco Borja do Amaral, acertaram os limites da paróquia de Aparecida e incluíram as glebas de terras até o Porto de Itaguaçu. A bênção da primeira pedra da nova Basílica ocorreu no dia 10 de setembro de 1946. A pedra fundamental, em granito, trazia unicamente a legenda: "À Rainha do Brasil". Nada mais era preciso acrescentar nas palavras do Cardeal Motta, pois uma só podia ser a Rainha do Brasil: aquela que é também Rainha dos céus. Era a ela que se consagrava aquele início. A primeira missa no morro das pitas, futuro local da Basílica Nova, foi realizada no dia 11 de setembro de 1946.

No ano de 1949, após demorados estudos, o arquiteto Dr. Benedicto Calixto de Jesus Netto finalizou o projeto da Basílica Nova, que foi aprovado pelo papa Pio XII. Era necessário que se executassem grandes e difíceis trabalhos: a terraplanagem dos terrenos e a canalização do córrego ribeirão da Ponte Alta, que os atravessava.

Por meio da terraplanagem, haver-se-ia de rebaixar consideravelmente o alto do morro, formando dois planos: o superior, para a Basílica, e o inferior, para a praça das comemorações, vinte metros abaixo do nível da esplanada da igreja.

Após solene missa celebrada por Dom Adeodato Giovanni Piazza, o Cardeal do Santo Padre sentiu-se mal e o padre Antão Jorge, C.Ss.R., procedeu ao rito da bênção e colocação da segunda pedra fundamental, em 8 de setembro de 1954. A primeira pedra havia desaparecido; depois, foi encontrada. A segunda pedra fundamental está na 3ª coluna do lado esquerdo de quem entra na Basílica pela Porta Santa.

Em 11 de novembro de 1955, às 10h, a construção teve início pela nave norte. O Pe. Antão Jorge, C.Ss.R., anotou no Livro do Tombo da Paróquia de Aparecida: "Após longos e dispendiosos preparativos, chegou a hora feliz dos trabalhos positivos da construção da Nova Basílica; o Cardeal Motta pôs em movimento a betoneira que fornecerá daqui por diante o concreto para a obra".

No dia 21 de junho de 1959, pela primeira vez, o movimento dos romeiros se transferiu para a Basílica Nova, mesmo sendo precário. A imagem de Nossa Senhora Aparecida era levada às 4h30 e retornava após a missa das 16h.

Em 16 de julho de 1960, foi criado pela Santa Sé o Conselho Nacional Pró-Santuário de Nossa Senhora Aparecida, composto do presidente, que é sempre o Presidente da Conferência Nacional dos Bispos do Brasil, CNBB, do Arcebispo Metropolitano de Aparecida, que é membro nato do Conselho, e de três Arcebispos, eleitos pela Assembleia Geral dos Bispos.

Assim foi sendo construída a Basílica Nova.

A Torre Brasília foi inaugurada no dia 11 de janeiro de 1961. O Cardeal Dom Carlos Carmelo de Vasconcellos Motta e o presidente Juscelino Kubitschek de Oliveira (1902-1976) descerraram a placa. Em seu discurso, o presidente afirmou: "[...] ele fazia não só sua vontade, mas a de todo o povo brasileiro [...]".

*Torre Brasília. Arquivo pessoal. 20/5/1960*

O nome da nova capital federal do Brasil, Brasília, foi uma sugestão pessoal do Cardeal Motta para o presidente Juscelino Kubitschek. O Cardeal celebrou a primeira missa em Brasília, no dia 3 de maio de 1957.

A doação da estrutura de aço, de 1.500 toneladas da torre, foi do Presidente Juscelino Kubitschek, durante seu governo. O engenheiro calculista foi Dr. Paulo Franco Rocha, com a colaboração de dois engenheiros norte-americanos. A torre é o terceiro prédio construído com estrutura metálica do Brasil.

Na entrada da torre Brasília, uma homenagem aos peregrinos: o painel da Virgem Mãe dos Peregrinos. Conforme expressou-se Cláudio Pastro:

> A Mulher das Galinhas: quando pintava esse painel no hall dos elevadores, chegou uma mulher simples que, com gesto acanhado, doou um envelope, dizendo: 'Eis um pequeno dinheiro da venda de minhas galinhas e seus ovos, que juntei durante dois anos e que agora ofereço a Nossa Senhora'. No mesmo instante, pintei-a na procissão de peregrinos. Ela está carregando um cesto de galinhas.

A Torre Brasília tem 18 andares. No 1º andar, encontra-se o Museu "Nossa Senhora do Céu – Mãe dos Homens – Aparecida do Brasil". Também a sala "Domus Áurea – sala das joias doadas a Nossa Senhora Aparecida. No 2º andar o "Museu Nossa Senhora Aparecida", fundado pela professora Conceição Borges Ribeiro Camargo e inaugurado pelo Cardeal de São Paulo, Dom Carlos Carmelo de Vasconcelos Motta, no dia 8 de setembro de 1956.

A cruz no alto da torre foi colocada no dia 6 de dezembro de 1963. No cruzamento do braço da cruz, uma parcela do Santo Lenho, uma medalha de Nossa Senhora Aparecida e o Agnus Dei (pequena medalha feita de cera do Círio Pascal, que foi abençoada pelo Papa). Está gravada a inscrição: "Protegei, Senhor, o vosso povo pelo sinal da Santa Cruz" e a assinatura do Cardeal Dom Carlos Carmelo de Vasconcellos Motta, 1963.

O Dr. Benedicto Calixto de Jesus Netto, arquiteto que dirigiu as obras de construção da Basílica Nova por 26 anos, faleceu na cidade de Aparecida no dia 21 de julho de 1972.

Gratuitamente, esteve na supervisão da obra o engenheiro Dr. Luís Alves Coelho, que era responsável pelo cálculo estrutural da cúpula central, de julho de 1972 a 1980, e casado com Luiza Maria Lorena Barbosa Coelho, sobrinha dos padres Isac Barreto Lorena, C.Ss.R., e do padre João Barbosa Filho, C.Ss.R., e tataraneta do Mestre-Capela e Organista da Basílica Histórica e da Igreja de Santa Rita de Cássia, no ano de 1899, o senhor Randolpho José Lorena (1844-1913).

Na festa de Nossa Senhora Aparecida, de 12 de outubro de 1977, a igreja foi usada em todo o seu tamanho. A estrutura estava pronta.

A bênção foi dada pelo papa João Paulo II, hoje Santo, no dia 4 de julho de 1980, após a finalização de sua estrutura bruta. No ano de 2000, tiveram início as obras de acabamento da Basílica Nova, que seguiu o estilo neorromânico.

No dia 12 de dezembro de 1984, por meio de um decreto da Conferência Nacional dos Bispos do Brasil (CNBB), a Basílica Nacional de Nossa Senhora Aparecida recebeu o título de "Santuário Nacional". São três os requisitos essenciais para receber o título de "Santuário": a intervenção divina (milagres); a frequência de peregrinos; e o reconhecimento eclesiástico.

# MÃOS EM CONJUNTO, PARA A ARTE DO TEMPLO FICAR NO TEMPO!

> Estas coisas magnificentes da Igreja dirigem-se ao Altíssimo. Quando o rei David deu ao seu filho Salomão a tarefa de construir o templo, disse-lhe: "Reuni as essências mais preciosas, reuni ouro e ferro, pedrarias mais brilhantes, tudo o que possa dar a esse templo uma inigualável magnificência perante os olhos do Senhor". Por quê? Por vaidade de Salomão ou David? Não! É porque o maravilhoso da arte contribui para indicar que o homem se prosterna diante de Deus e lhe atribui tudo o que melhor pode realizar em suas concepções de beleza e em sua colheita de valores (Dr. Austregésilo de Athayde, 1967).

O tijolo foi escolhido pela beleza da terra vermelha brasileira e por que a Senhora Aparecida é uma imagem de barro.

No ano de 2000, tiveram início as obras de acabamento da Basílica Nova. Cláudio Pastro (1948-2016), artista sacro, foi escolhido para as obras de acabamento da parte interna da Basílica. Na nave Sul, em um retábulo dourado até o teto, com 37 metros de altura, estão os três arcanjos: Rafael, Miguel e Gabriel. No nicho, local onde está a Imagem de Nossa Senhora, em ouro, com 2 x 2 metros, encontramos a frase: "O Espírito e a Esposa dizem: Amém. Vem, Senhor Jesus" (Ap 22,17). A Nave Sul é 16 metros mais longa.

Para o jubileu "300 anos de Bênçãos", foi confeccionada, com 300 gramas de ouro doados pelos devotos, a coroa jubilar, fundida com 80 peças em ouro amarelo 18 k. Contém safiras, diamantes, esmeraldas, brilhantes e pérolas. Na base, porções de terras de todos os estados brasileiros e do Distrito Federal. Para o fechamento do manto, um broche em ouro amarelo, com diamantes, safiras e esmeraldas. A coroa foi produzida e ofertada pela Joalheria H. Stern, do Rio de Janeiro, RJ. Hoje, a Imagem usa a que foi doada pela Princesa Isabel. O manto, bordado pelas Irmãs da clausura do Carmelo de Santa Teresinha do Menino Jesus, da cidade de Aparecida, traz a rede e os peixes.

O nicho de Nossa Senhora também tem abertura para a Capela dos Apóstolos, local, que, reservado para pequenas cerimônias, comporta 60 pessoas.

O altar central é feito em granito maciço. O desenho em ziguezague do piso simboliza o movimento da água, na linguagem indígena, e também o Espírito Santo, que vem pelo Sacrifício do Cordeiro e segue para os quatro cantos da terra. A grande Cruz em aço, sobre o altar, mede 8 metros de altura. Trata-se de uma cruz vazada, simbolizando que Cristo venceu a morte, ultrapassando a cruz. Entrando pela Ala Norte, vê-se o Cristo crucificado, pela Ala Sul, o Cristo ressuscitado. Ao olhar essa cruz da Ala Leste para a Oeste, ou vice-versa, não a enxergamos, por isso é conhecida como Cruz do Nada, como definiu Cláudio Pastro. Evangelho de São João, capítulo 20, versículo 29: "Disse-lhe Jesus: 'Creste, porque me viste. Felizes aqueles que creem sem ter visto'".

A coluna Pascal, com 5 metros de altura, em mármore de carrara italiano, indica-nos o principal Mistério do Cristianismo: a Ressurreição do Senhor. Seu pedestal traz:

> A Arquidiocese de Juiz de Fora, MG, na celebração de seu cinquentenário, presente neste Santuário Nacional e guiada por seu pastor – Dom Gil Antônio Moreira –, na oitava da páscoa de 2012 oferece a coluna pascal ao Senhor Ressuscitado e a sua Mãe Santíssima – 1962 – 14 de abril – 2012.

Em fins de 1964, teve início a abertura dos alicerces da cúpula, sendo concluída toda a estrutura de concreto em 14 de agosto de 1970. A nave leste, após o término de sua construção, começou a ser utilizada na festa da Padroeira de 1967. Por último, a nave oeste. Em 29 de setembro de 1971, o espaço da cúpula e de seu altar começaram a ser utilizados.

Sobre a cúpula, Cláudio Pastro, artista sacro, responsável pela arte sacra do Santuário, expressou-se:

> Muitos e belos pássaros da fauna brasileira, sempre em mosaico, dirigem-se para o centro da árvore para ali se abrigarem; isso é uma clara alusão aos brasileiros peregrinos que vão ao Santuário da Senhora Mãe de Deus para se refugiar, recuperar e renovar sua fé e vida.
>
> O reino dos céus é como minúscula semente de mostarda plantada em um campo. É a menor entre todas as sementes, mas se torna a maior das plantas e cresce até se transformar em uma árvore, onde as aves podem vir e encontrar abrigo (Mt 13,31-32).

O Baldaquino, colunas que cercam o altar central e sustentam a cúpula central, está revestido com azulejo, representando a flora e a fauna brasileiras. Há também os anjos, que simbolizam as etnias que formaram o Brasil: anjo Indígena, anjo Europeu, anjo Africano e anjo Caboclo. Temos ainda em sua base os ipês que nos mostram as estações do ano.

Em todos os quatro cantos do Baldaquino, há um Brasão de 2 metros. O Ser Humano é o centro da Criação. No baldaquino noroeste está a fecundação do óvulo. No nordeste, o embrião, o feto. No sudeste, um bebê. E, no baldaquino sudoeste, o homem e a mulher. Completam-se as fases da Criação de Deus.

São palavras de Cláudio Pastro:

> Eu quis colocar na base do Baldaquino as Muiraquitãs – de nossa cultura marajoara, de todos os povos indígenas e aborígenes – que são o símbolo da ressurreição. Quando vem a seca, a rãzinha vai penetrando a terra, quanto mais seco mais ela penetra, em uma grande seca de dois a três anos ela vira uma folha de papel. À primeira chuva, ela renasce. Por isso, em todos os povos primitivos, esse é o símbolo da ressurreição.

À direita do altar, fica a Capela do Santíssimo Sacramento. Logo na entrada, no alto da grade, aparece a frase: "Pão dos Anjos, Alimento dos Peregrinos". A cúpula da Capela é toda em porcelana ouro. À esquerda do altar, está a Capela de São José, usada para as missas diárias. A grade de ferro, na entrada, traz a frase: "O Senhor confiou a José sua Casa".

Há também duas capelas de Passagem, uma em direção à Torre Brasília e a outra em direção à Capela das Velas, que tem a decoração inspirada na passagem bíblica da Sarça Ardente, momento em que Deus aparece a Moisés em forma de fogo, que não se consumia no arbusto.

No interior da Basílica, no alto, 34 painéis apresentam-nos o Santo Evangelho.

A claridade em seis tons de azul vem dos vitrais sobre as entradas. Cada vitral mede aproximadamente 350 m$^2$, em um total de 1.400 m$^2$, homenageando os Evangelhos. Uma cor predomina em cada vitral e tem seu significado. Na Nave Norte, o vitral é em forma de rosa, com predomínio da cor vermelha, lembrando as chagas de Cristo. Na Nave Sul, com vários tons de azul, fica o nicho que abriga Nossa Senhora Aparecida. Na Nave

Leste, há vidros na cor turquesa, que nos remetem aos painéis dos Evangelhos da Ressurreição. Na Nave Oeste, a cor lilás dos painéis remetem aos Evangelhos da Paixão e Morte do Senhor. Ao caminharmos pelo Santuário Nacional, podemos apreciar também a arte do piso.

Em 12 de novembro de 2016, durante missa solene concelebrada pelo então bispo-auxiliar Dom Darci José Nicioli, C.Ss.R., hoje arcebispo de Diamantina, MG, e o padre João Batista, C.Ss.R., na época reitor do Santuário Nacional, foi acrescido ao Santuário um novo título: Catedral.

No subsolo, estão localizadas a Sala das Promessas e a Capela das Confissões ou da Reconciliação, com 27 confessionários individuais, comportando 300 penitentes, em duas salas de preparação. Estão também a Sala Três Pescadores, o estúdio da TV Aparecida, a Casa do Pão, o Auditório "Padre Noé Sotillo, C.Ss.R.", o espaço Devotos Mirins e o salão dos romeiros.

# DIANTE E EM TORNO DO SANTUÁRIO

À frente do Santuário, na parte inferior, encontra-se a praça das Palmeiras e a Tribuna Cardeal Lorscheider. Na parte superior, o "Memorial aos Construtores", com 2.356 nomes, que homenageia cardeais, arcebispos, padres, reitores, administradores, leigos, além dos colaboradores que trabalham há mais de 20 anos no Santuário e os primeiros colaboradores da "Campanha dos Devotos". No local também há a estátua da Imagem de Nossa Senhora da Assunção, que representa Maria, que está prestes a ser assunta aos céus, mas cujos pés continuam tocando a terra; faz parte do Santuário, desde 1955, e está ladeada por jardins.

À direita, encontra-se um "Campanário", composto de 13 sinos, produzidos na Holanda (ou Países Baixos). A estrutura é obra do arquiteto Oscar Niemeyer, e os sinos são criação do artista sacro Cláudio Pastro. O campanário mede 37,5 metros de altura, seu peso total é de 284,74 toneladas. Todo sino, pela tradição católica, é dedicado a um santo, e os do Santuário Nacional são dedicados aos 12 Apóstolos, à Virgem de Aparecida e a São José e homenageiam a Família dos Devotos.

A ordem dos sinos, de cima para baixo, é a seguinte:

1º São Simão – homenageado – Dom João Cruz Salgado de Castilho;

2º São Judas Tadeu – homenageado – Dom Frei Antônio da Madre de Deus Galvão;

3º São Tomé – homenageado – Dom Joaquim de Melo;

4º São Tiago Menor – homenageado – Dom Lino Deodato Rodrigues de Carvalho;

5º São Mateus – homenageado – Cardeal Dom Joaquim Arcoverde de Albuquerque Cavalcante;

6º São Bartolomeu – homenageado – Dom José de Camargo;

7º São Felipe – homenageado – Dom Duarte Leopoldo e Silva;

8º Santo André – homenageado – Cardeal Sebastião Leme;

9º São João – homenageado – Dom Antônio Ferreira de Macedo, C.Ss.R.;

10º São Tiago Maior – homenageado – Cardeal Carlos Carmelo de Vasconcellos Motta;

11º São Paulo – homenageado – Dom Geraldo Maria de Morais Penido;

12º São Pedro – homenageado – Cardeal Aloísio Lorscheider, O.F.M.;

13º Sino de Maria, Virgem Aparecida e São José – homenageada – Família Campanha dos Devotos.

Os homenageados são pessoas que fizeram e fazem parte da história de Nossa Senhora da Conceição Aparecida e da construção do Santuário Nacional.

Do lado esquerdo, no jardim norte, encontra-se a imagem de Nossa Senhora de Fátima, entronizada em seu Monumento, como recordação do centenário de sua aparição, na Cova de Iria, em Portugal, no ano de 1917. A homenagem recebeu o título de "2017: Aparecida e Fátima, centenários de bênçãos".

Nos jardins, próximos ao convento, fica localizado o "Monumento dos 300 anos", obra do artista sacro Cláudio Pastro, produzida em Verona, na Itália. O monumento desenha a canoa na base, os três pescadores, uma rede e o encontro da Imagem nas águas do Rio Paraíba do Sul.

Também foram colocadas réplicas iguais, nos jardins do Vaticano, em Roma e em frente à sede da CNBB, em Brasília, DF.

Na esplanada, em forma de meio círculo, estão as colunas com as estátuas dos 12 Apóstolos: São Pedro, São Tiago (maior), São João, Santo André, São Filipe, São Paulo, São Marcos, São Mateus, São Tomé, São Bartolomeu, São Tiago (menor), Simão Zelote. Cada uma mede 4 metros de altura, pesa até 3 toneladas e é obra do artista Alexandre Morais. Encontramos à direita a Capela da Ressurreição, onde estão os restos mortais dos bispos auxiliares, bispos, arcebispos e cardeais, que ajudaram na construção do Santuário Nacional, e o Memorial dos Devotos, que sustentou essa construção. À esquerda, fica a Capela do Batismo, que foi uma doação da família Sieh, de origem chinesa. Essas capelas estão ligadas por dois grandes corredores. No centro, encontra-se a Tribuna papa Bento XVI.

A área total do Santuário Nacional é superior a 1.3 milhão $m^2$. E a área onde encontra a Igreja é de 71.936 $m^2$, assim distribuídos: interior, 25 mil $m^2$, e ainda pavimentos inferior e térreo, capelas da Ressurreição e Batismo, Esplanada, Tribuna Bento XVI, além da Torre Brasília.

As fachadas do Santuário Nacional foram revestidas de mosaicos, sob a orientação e supervisão do Centro Ezio Aletti.

As obras das passagens bíblicas iniciaram-se em 2019. Na nave Norte, há a representação do livro do Êxodo; na ala Oeste, do livro do Gênesis; na ala Sul, da Páscoa de Cristo; e ala Leste, do livro do Apocalipse. O projeto ficou conhecido como a maior "Bíblia a céu aberto" do mundo!

# PÁTIO DO SANTUÁRIO

A "Passarela da Fé" une os dois morros: o dos Coqueiros, onde se encontra a Basílica Histórica, e o morro das Pitas, onde está a Basílica Nova.

Próximo à passarela, encontra-se o Bondinho Aéreo, saindo da estação Santuário em direção à estação Cruzeiro, no morro do Cruzeiro.

No jornal "A Liberdade", de 26 de julho de 1925, ano II, número 73, páginas 2 e 3, lemos: "[...] O Sr. Luiz Pasin, ótimo chefe de família, que teve uma ideia estupenda de se erigir em uma das colinas, que circunda a nossa bela Aparecida, um cruzeiro com o nobre fim de se comemorar o ano santo [...]".

Terça-feira, 2 de agosto de 1925, às 19h, apesar de uma ameaça de chuva, os aparecidenses, em procissão luminosa, levaram até o alto do morro uma grande cruz de madeira como recordação do Ano Santo. No dia 6 de setembro do mesmo ano, a bênção foi dada pelo Pe. Thiago Klinger, Vice-Provincial dos Redentoristas. Pelo caminho, encontram-se painéis, que, em estilo neoclássico, elaborados em bronze pelo artista Adélio Sarro, representam as 14 estações da Via-Sacra.

O novo cruzeiro presta uma homenagem aos 500 anos da evangelização do Brasil. Foi reinaugurado no dia 21 de abril de 2000 e abençoado pelo Cardeal Lorscheider. O grande cruzeiro traz escrito: "Brasil terra de Santa Cruz – 1500-2000".

A torre mirante tem 30 m de altura. Em cima dela, foi colocada uma Cruz de 23 m de altura, obra de Cláudio Pastro. O local é arborizado e asfaltado. A subida até lá pode ser a pé ou de bondinho aéreo, com uma bela vista da cidade.

O "Morro do Presépio" é um projeto do padre Ronoaldo Pelaquim, C.Ss.R. As obras, feitas de cimento, são do escultor Alexandre Morais. É um lugar de fé, devoção e conhecimento do Natal de Jesus. Tem quatro portas de entrada: Porta dos Magos, Porta dos Pastores, Porta dos Pescadores e a Porta dos Anjos. Ocupa uma área de 7.345 m², com muito verde, bancos para descanso e uma vista privilegiada.

O “Centro de Apoio ao Romeiro”, com lojas e duas praças de alimentação, abriga o “Aquário de Aparecida” e também o Centro de Eventos Culturais e Esportivos “Padre Vítor Coelho de Almeida”, com capacidade para 8 mil pessoas sentadas.

O estacionamento do Santuário tem capacidade para 2.000 ônibus e 3.000 carros de passeio, além de bolsões para 602 motos e 526 bicicletas, 1 receptivo para cavalos e um heliporto.

## CIDADE DO ROMEIRO

Fora da área do santuário, na cidade do Romeiro, encontra-se o "Caminho do Rosário", um local preparado para contemplar os mistérios Gozosos, Dolorosos, Gloriosos e Luminosos. Possui 20 cenários, com 128 esculturas, dos artistas paraguaios Blas e Ângela Servin. Tem mais ou menos 1.200 metros de extensão, saindo da cidade do Romeiro em direção ao porto Itaguaçu, ou pedra grande, em tupi-guarani, antigo bairro das Pedras, local do encontro da Imagem de Nossa Senhora Aparecida. O paisagismo foi preparado com plantas que são significativas na Bíblia, os 7 frutos de Israel: trigo, que foi substituído pelo capim-do-texas, videira, cevada, figo, romã, oliveira e tâmara. Várias espécies de rosas, uma referência ao Rosário, e árvores de grande porte. No local é possível fazer um passeio de balsa no Rio Paraíba do Sul, a qual tem capacidade para 60 pessoas e o passeio dura aproximadamente 20 minutos. Próximo ao caminho do Rosário, temos o "Trem do Devoto", que percorre 1,4 km. Ele está localizado na cidade do Romeiro e sai da Estação Cidade e vai à Estação Porto, no Porto Itaguaçu, para facilitar as visitas ao Caminho do Rosário.

Para os pequenos, o espaço oferece o Pedalinho Devotos Mirins, que possui 12 pedalinhos, comportando, cada um deles, 3 passageiros.

# PADRE VÍTOR COELHO DE ALMEIDA, C.Ss.R.

A Mãe de Deus sabe escolher os que ajudam a anunciar a Redenção de Cristo. Padre Vítor é um desses filhos queridos da Mãe Aparecida.

Ele nasceu na cidade de Sacramento, MG, em 22 de setembro de 1899. Era filho de Leão Coelho de Almeida e de Maria Sebastiana de Almeida. Aos 8 anos, ficou órfão da mãe.

Iniciou sua formação religiosa aos 11 anos, no Seminário Santo Afonso, quando lá foi deixado por um tio, e concluiu os estudos na Alemanha, onde foi ordenado sacerdote, em 5 de agosto de 1923. No dia 12 de agosto do mesmo ano, celebrou sua primeira missa... Sacerdote até a eternidade! Voltou ao Brasil em 1924, chegando a Aparecida no dia 14 de outubro.

Na "Rádio Aparecida", inaugurada no dia 8 de setembro de 1951, seus programas alcançaram grande audiência; os ouvintes eram chamados de "caríssimos", e suas pregações eram simples e claras, mesmo conhecendo mais de cinco idiomas. Padre Vítor sempre falava sobre Maria. No programa das 10h, "Entrevista com os romeiros", e, ao meio-dia, no programa "Os ponteiros apontam para o infinito", explicava a mensagem da Bíblia e realizava a catequese, a promoção humana, a formação das comunidades rurais e a doutrina social da Igreja. Às 15h, durante a consagração, dizia: "Caríssimos, são três horas... hora da consagração...", e os romeiros lotavam a antiga Basílica para ouvi-lo e rezar a oração da Consagração a Nossa Senhora Aparecida. Após seu término, abençoava os objetos de devoção dos romeiros, inúmeras garrafas de água, imagens, medalhas, santinhos e terços, que eles levavam como lembrança da cidade da Santa. Sempre foi amigo do povo aparecidense e dos romeiros. Quantas fotografias tirou com os romeiros na porta da antiga Basílica!

A pedido do padre Vítor, no dia 12 de outubro, dia da festa de Nossa Senhora Aparecida, às 12h, muitas cidades do Brasil, incluindo Aparecida, realizavam a queima de fogos; quem a iniciou foi padre Rubem Leme Galvão, C.Ss.R., como homenagem do povo a sua Padroeira. Esse pedido era feito por meio da Rádio Aparecida, e até hoje essa tradição é mantida. Em seguida, padre Vítor fazia a consagração de todo Brasil a Nossa Senhora Aparecida.

Em 1921, estudando teologia na Alemanha, contraiu tuberculose. Anos depois, morando no Brasil novamente, a doença voltou e ele ficou internado no Sanatório da Divina Providência, em Campos do Jordão, SP, durante sete anos, de 1941 a 1948. Sua companhia era uma Imagem da nossa Mãe Maior, a Senhora Aparecida. Foi também um dos fundadores da Rádio Campos do Jordão.

Durante o tratamento da doença, passou a cultivar orquídeas como terapia, por ordem médica, e continuou a cultivá-las no Memorial dos Redentoristas.

Anos depois, Padre Vítor voltaria a recordar-se de uma passagem muito triste, sendo agora apenas hora de agradecer a Nossa Senhora Aparecida:

> Quando eu era criança, bem pequeno, mamãe havia dado a mim uma medalhinha de Nossa Senhora Aparecida. Eu carregava no pescoço. Um dia, na aula, meu professor, que era ateu, zombou da medalha, dizendo que eu carregava um sincerro – espécie de sino, que se pendura no pescoço de um animal para ele ser o guia da tropa. Além de zombar, ele chegou perto de mim, arrancou a medalha e jogou-a no mato, pela janela. Eu chorei muito e fui procurar a medalhinha que mamãe havia me dado. Nunca mais achei. Veja como é a vida. Agora eu estou aqui, debaixo de seus pés. Eu sou missionário redentorista. Havia também a promessa e o milagre, em que papai me entregou para Nossa Senhora e eu vim parar aqui na cidade de Aparecida. Esta semana vou levar a imagem da mãe querida a minha cidade de Sacramento. Nunca mais achei a medalhinha. Mas Nossa Senhora me achou. Ela me tirou do lodo, ela me fez seu anunciador. Sou filho da misericórdia.

À véspera de sua morte, a última consagração que fez por meio da Rádio Aparecida foi quase uma despedida: "Caríssimos, tudo neste mundo tem manhã e tarde".

Padre Vítor, que exerceu o sacerdócio por 64 anos, faleceu aos 87 anos, no dia 21 de julho de 1987. Seu túmulo fica no Memorial dos Redentoristas, em uma pequena capela, construída em 1926. No local há uma estátua do Padre Vítor, de aproximadamente 2 m de altura.

*Capela de Nossa Senhora de Lourdes, que abriga os restos mortais de Pe. Vítor Coelho de Almeida, C.Ss.R.*

Seu processo de beatificação teve início em 12 de outubro de 1998: "Processo sobre a Vida, Virtudes e Fama de Santidade do Servo de Deus, padre Vítor Coelho de Almeida".

1ª etapa: Servo de Deus, com suas virtudes, é considerado venerável. Em março de 2005, Padre Vítor foi declarado "Servo de Deus".

2ª etapa: Foi declarado venerável, no dia 5 de agosto de 2022.

3ª etapa: Santo, reconhecimento de que se encontra na glória de Deus, intercedendo e servindo a todos.

Mais uma vez: "Os ponteiros apontam para o infinito". Hoje, é apenas uma voz que a repete. Mas, com certeza, aquele que tanto a falou pelo microfone, hoje, lá no Infinito se encontra e aqui nos deixou saudades.

# 12 DE OUTUBRO FESTA DE NOSSA SENHORA APARECIDA

## (FORAM 11 DATAS ANTES DO DIA 12 DE OUTUBRO)

Desde a capela, em 1745, a festa de Nossa Senhora era celebrada nos dias 25 de março, dia da Anunciação de Nossa Senhora, uma herança de Portugal, quando o Rei Dom João IV oficializou-a "Padroeira do Reino de Portugal e seus domínios", e no dia 8 de dezembro, dia da Imaculada Conceição.

A "Irmandade de Nossa Senhora Aparecida", fundada após a inauguração da capela, em 1756, em seu estatuto n. 3, determinava: "Serão obrigados o Juiz e os demais oficiais a contribuir do seu para a Festa da Senhora em seu próprio dia, aos 8 de dezembro. E, querendo o Juiz exceder no gasto da Festa sem consentimento dos mais oficiais, ou qualquer outro dos oficiais, o excesso da Festa pagará quem o requerer". Também era obrigação ter missa cantada com homilia e procissão, momento em que Nossa Senhora vai ao encontro de seus filhos, abençoando todas as casas.

Em 1878, a festa oficial passou a ser celebrada no mês de maio, o mês de Maria, sempre se encerrando no dia 31, com a coroação de Nossa Senhora.

Na crônica do Santuário, enviada aos superiores da Baviera, no ano de 1894, o Padre José Wendl, C.Ss.R., escreveu: "Duas festas são celebradas em honra a Nossa Senhora e com grande pompa; a primeira no quinto domingo depois da Páscoa, e a segunda em 8 de dezembro".

E, em 1895, passou a ser celebrada no primeiro domingo de maio.

Por volta do ano de 1900, já era costume ter uma festa no dia 8 de dezembro, com novena em honra à Imaculada Conceição.

O padre José Wendl, C.Ss.R., escreveu sobre a festa de Nossa Senhora Aparecida em 1901:

> "Bonito é ver nas festas principais o nicho de Nossa Senhora cercado de umas 80 velas em castiçais dourados e prateados, entre eles, as mais variadas flores; no presbitério, quatro grandes castiçais rodeados de outros pequenos e velas pelas laterais centrais, umas 300 iluminando a igreja. Só mesmo vendo.

> O povo diz 'parece o céu' e 'não há coisa mais linda no mundo'. [...] Nesses dias de festa solene, a missa é às 9h, com assistência litúrgica completa. O altar brilha de luzes e flores pelos degraus acima até o alto. [...] Às 2 horas da tarde, tira-se a Imagem do nicho, e um padre de soquete e estola a oferece ao ósculo das pessoas, que aproveitam a ocasião para tocarem medalhas, terços etc. na Imagem. Às 5 horas, acontece a procissão. A Imagem, colocada em um rico andor, doação de pessoas gradas, é levada por quatro moças vestidas de branco e com uma faixa azul à cintura; dele pendem quatro meninas vestidas de anjo. Não há outros andores nessa procissão, só o da Mãe de Deus. [...]".

Em 1904, houve nova mudança no calendário: "O papa Leão XIII permitiu que se celebrasse a festa da Santíssima Virgem, sob o título de Aparecida, no primeiro domingo do mês de maio".

O I Livro do Tombo da Paróquia de Nossa Senhora Aparecida registrou: "17 de abril de 1915 – conforme a nova folhinha eclesiástica, a festa de Nossa Senhora Aparecida, que outrora era celebrada no primeiro domingo de maio, foi agora fixada para o dia 11 de maio".

> Realizou-se, dia 8 de setembro de 1923, a festa de Nossa Senhora Aparecida, em comemoração ao XIX ano de sua coroação. Pode-se dizer que foi essa dentre todas as festas de Nossa Senhora a mais concorrida até hoje. A afluência dos fiéis foi tanta que a procissão, ao chegar ao alto da ladeira, ficou em toda a sua extensão literalmente coberta pela compacta massa popular, não faltando povo que se aglomerasse também no pátio da Basílica. De alguns dias para cá não havia um só lugar nos hotéis e nas casas de pensão, tanto aqui como na vizinha cidade. Durante todo o dia, imenso foi o movimento não só na igreja como nas ruas, continuando todos os trens que aqui chegavam com inúmeros romeiros. Depois da procissão, efetuou-se o beijamento da Imagem, o que se prolongou até alta noite.

O Livro do Tombo registra que a senhora Nájila Félix Kalil muito contribuiu com as festas da Padroeira. Ela, por meio do teatro apresentado pelos jovens e da decoração da basílica, elevou a devoção a Nossa Senhora Aparecida.

Em 1939, os senhores Bispos, reunidos no Concílio Plenário Brasileiro, celebrado na então Capital Federal, Rio de Janeiro, pediram à Santa Sé para transferir oficialmente a festa litúrgica de Nossa Senhora Aparecida, "Padroeira do Brasil", de 11 de maio para 7 de setembro, dia da Pátria.

No dia 8 de setembro de 1947, dia da coroação de Nossa Senhora Aparecida, a procissão foi uma apoteose. Foi levada nessa procissão a Imagem verdadeira, o que há muito não se fazia.

Durante a Conferência Nacional dos Bispos do Brasil, CNBB, reunidos no Congresso Eucarístico em Belém do Pará, ocorrido em 1953, foi solicitada a data da transferência da Festa de Nossa Senhora, devido às comemorações do dia da Pátria, de 7 de setembro, que se realizavam pela manhã, na hora das missas. Por decreto de 5 de setembro de 1953, a festa litúrgica de Nossa Senhora Aparecida foi estabelecida pela Santa Sé. E pela primeira vez, em 1954, celebrou-se a festa de Nossa Senhora Aparecida no dia 12 de outubro. É também o mês em que a imagem foi encontrada e o mês consagrado ao Rosário pelo papa Leão XIII, "a mais agradável das orações".

Durante a festa de Nossa Senhora Aparecida, no dia 12 de outubro de 1975, domingo, o número de romeiros chegou a 250.000. A Polícia Rodoviária desviou o trânsito para as cidades de Guaratinguetá e Lorena.

O Cardeal Dom Carlos Motta faria a consagração oficial do Brasil a Nossa Senhora Aparecida. Com a confusão do trânsito, o Cardeal conseguiu chegar às 16h30 e não às 15h.

Apesar da grande confusão do dia, o encerramento foi um ato digno. Um pouco antes de sair a "procissão passeata", o tempo prometia chuva. Quando chegaram à esplanada, a lua coroava a nossa Mãe do Céu!

Dias depois, o jornal "Estado de São Paulo", do dia 15/10/1975, publicou: "O caos verificado em Aparecida no último domingo, que coincidiu com o dia da Padroeira do Brasil, só poderia surpreender a quem quis ser surpreendido. Todo mundo sabe, menos as autoridades responsáveis pela segurança, saúde e policiamento rodoviário, que nessa data, tanto mais caindo em um domingo..., o movimento atinge seu auge naquele que – servido por excelente rede de comunicação – é hoje o maior centro de peregrinação do continente".

Devido ao grande número de romeiros que vieram para a cidade, em torno de 250 mil pessoas, foi publicado o Decreto n. 1.040, de 12 de outubro de 1975:

Considerando a total impossibilidade de comunicação por rodovias e estradas de Aparecida com os municípios próximos, diante do total congestionamento de todos os acessos e todas as saídas da cidade; [...]
Considerando que as reservas de água potável da cidade chegaram ao fim, sem possibilidade de imediata reposição; [...]
Considerando que bares e restaurante estão cerrando suas portas, com estoques de bebidas e refrigerantes esgotados ao máximo; [...]
Considerando que as ambulâncias estão "ilhadas" por ônibus, sem condições de atender a população carente de socorros urgentes;
Considerando que mesmo viaturas policiais não conseguem vencer a paralisação do trânsito, repetindo-se ocorrências que exigem a presença de policiais nos quatro cantos da cidade [...]
Vicente de Paula Penido, Prefeito Municipal de Aparecida, usando de suas atribuições legais, DECRETA:
Artigo 1º – Fica declarado Estado de Calamidade Pública no município, buscando-se imediatamente recursos externos, em força policial e viaturas para tentar o descongestionamento da cidade de fora para dentro. [...]
Artigo 3º – Este decreto entrará em vigor nesta data, imediatamente, para o que se dará pronta publicidade.
Artigo 4º – Revogam-se as disposições em contrário.
Registre-se e publique-se
Aparecida, 12 de outubro de 1975.

Com a presença do vice-presidente da República, general Adalberto Pereira dos Santos, na missa solene do dia 12 de outubro de 1976, padre Isidro de Oliveira Santos, C.Ss.R., reitor do Santuário, fez um pedido: "que olhe pelo Santuário Nacional em benefício dos romeiros e, se possível, seja feriado o dia da Padroeira do Brasil".

QUARTA PARTE

# 1958 até os dias de hoje

UMA NOVA ARQUIDIOCESE, A RESTAURAÇÃO DA IMAGEM E A FUNDAÇÃO DA TV APARECIDA

"Salve, Santa Imagem da grande Rainha,
Mãe do Redentor, Mãe de Deus e minha..."

(Pe. Vítor Coelho de Almeida, C.Ss.R., 1965)

# O PAPA PIO XII CRIA A ARQUIDIOCESE DE APARECIDA

A Capela rural de Nossa Senhora da Conceição Aparecida, de 1717 a 1745, pertenceu à Paróquia de Santo Antônio de Guaratinguetá, que, por sua vez, pertencia à Diocese do Rio de Janeiro. A partir de 1745, foi criada a Diocese de São Paulo.

No dia 28 de novembro de 1893, Aparecida foi separada da paróquia de Guaratinguetá e declarada autônoma, por Dom Lino Deodato de Carvalho, no começo com o título de Curato, e logo depois com o título de paróquia. Recebeu o título de "Episcopal Santuário de Nossa Senhora da Conceição Aparecida".

No ano de 1958, o papa Pio XII criou a Arquidiocese de Aparecida, por meio do moto-próprio "Sacrorum Antistitum" (Juramento contra o Modernismo, São Pio X), com território desmembrado da Arquidiocese de São Paulo e da Diocese de Taubaté, no dia 19 de abril, sendo instalado em 8 de dezembro. "Caso raríssimo, disse Dom Armando Lombardi, Núncio Apostólico, na história da Igreja: de simples paróquia passou a Arcebispado, Sede Metropolitana, sem ter sido bispado antes."

Tendo o Cardeal Dom Carlos Carmelo de Vasconcellos Motta (1890-1982), nascido em Bom Jesus do Amparo-MG, resignado o Arcebispado de São Paulo por motivo de saúde, o papa Paulo VI, hoje santo, por meio de uma bula papal, em 18 de abril de 1964, desvinculou-o da Arquidiocese de São Paulo e transferiu-o para o Arcebispado de Aparecida. O Cardeal Motta dirigiu o Santuário de Aparecida, ainda como Arcebispo de São Paulo, entre os anos de 1944 a 1964. Para a cerimônia solene de sua posse, no dia 29 de junho de 1964, na festa dos santos apóstolos São Pedro e São Paulo, a Imagem foi em procissão às 7 horas para a Basílica Nova, onde foram feitos um altar provisório e um nicho.

Lema de seu episcopado: "No Seio (Coração) de Jesus". Dentre as mui tas contribuições do Cardeal Motta, está a autorização para ser dada comunhão na mão, em 8 de setembro de 1974, durante missa campal na antiga Basílica. Esse fato demonstrou a nova mentalidade de pastoral do Santuário Nacional.

Chamado pelo Cardeal Motta para a Arquidiocese de Aparecida, Dom Antônio Ferreira de Macedo, C.Ss.R., bispo auxiliar, foi transferido de São Paulo. O lema de seu episcopado era: "Meu Amor a Jesus e Maria". Permaneceu ao lado do Cardeal Motta até seu falecimento, no dia 18 de setembro de 1982, aos 92 anos, na Santa Casa de Misericórdia de Aparecida.

E, no dia 28 de fevereiro de 1989, aos 87 anos, faleceu o bispo auxiliar de Aparecida, Dom Antônio Ferreira de Macedo, C.Ss.R.

# JUBILEU DOS 250 ANOS DO ENCONTRO DA IMAGEM – 1967

Na passagem do ano, à zero hora do dia 1º de janeiro de 1967, o Cardeal Motta celebrou missa. Foi a abertura do Ano Jubilar dos 250 anos do encontro da Imagem de Nossa Senhora Aparecida.

Durante o Ano Jubilar de 1967, a partir de janeiro, tiveram início as Conferências, que se estenderam até o mês de dezembro, chegando a um total de nove. Todas foram realizadas no Umuarama Clube de Aparecida.

A seguir, destacamos partes da Conferência do dia 13 de abril de 1967, proferida pelo Dr. Pedro de Oliveira Ribeiro Neto, Presidente da Academia Paulista de Letras.

"A Imagem de Nossa Senhora Aparecida

Dr. Pedro de Oliveira Ribeiro Neto

Foi para mim honra insigne, que desde logo me acumulou de bênçãos, receber de S. Eminência Reverendíssima o Sr. Cardeal Arcebispo de Aparecida o convite para pronunciar esta conferência comemorativa do Ano Jubilar de 1967. [...]

Há quinze dias, pela bondosa aquiescência de Dom Carlos Carmelo de Vasconcellos Motta, que pessoalmente nos acompanhou à Basílica da Santa Padroeira, tive a suprema honra, que poucos mortais terão tido, de ter em mãos, por mais de uma hora, na Sacristia da Igreja, a Imagem Veneranda e de examiná-la em todos os detalhes de sua escultura, de sua cor, de sua matéria, para defini-la no tempo e no espaço. [...]

Para esse relatório aqui estamos, Sr. Cardeal, minhas senhoras e meus senhores, com a firme convicção de que a imagem de Nossa Senhora Aparecida, encontrada prodigiosamente no Rio Paraíba em fins de outubro de 1717, é paulista, de arte erudita, feita provavelmente na primeira metade de 1600, por discípulo, mas não pelo próprio mestre, do beneditino Frei Agostinho da Piedade. [...]

Da mesma época a que vimos nos referindo, existem nas coleções paulistas algumas peças saídas das mãos de Frei Agostinho de Jesus, discípulo dileto de Frei Agostinho da Piedade, com o qual trabalhou no mosteiro de São Bento, da Bahia. Carioca de nascimento, tendo estado em Portugal para ordenar-se beneditino, ali se aperfeiçoou como ceramista e pintor, trazendo de volta ao Brasil os ensinamentos aprendidos na Europa [...]

Aqui pedimos que anoteis com atenção este fato importantíssimo: a cor do barro paulista depois de cozido, que se torna cinza claro, às vezes rosado, pois essa qualidade tem particular importância na classificação da Santa Imagem de Nossa Senhora da Conceição Aparecida.

Sabido é que a imagem de Nossa Senhora, recolhida pelos três barqueiros pescadores no Porto de Itaguaçu, foi preliminarmente para a casa de Felipe Pedroso, por certo, casa modestíssima, de pescador andarilho, onde permaneceu algum tempo exposta à fuligem do fogão e, possivelmente, a candeias de azeite. [...]

Em vinte e oito anos, portanto, de peregrinações e estada por esses lugares, não admira que a imagem de Nossa Senhora Aparecida tenha adquirido a cor que hoje conserva, castanho brilhante, o que faz pensar a muita gente, mesmo erudita e interessada em arte, que ela tenha sido esculpida em madeira, ou o que fez alguém dizer, em antigo comentário escrito, que a imagem é feita de 'barro escuro, terracota escura'. [...]

A imagem encontrada pelos pescadores no Porto de Itaguaçu, que hoje se venera em sua Basílica como a Excelsa Padroeira do Brasil, é de barro cinza claro, paulista por mercê de Deus, como constatei e mostrei ao Sr. Cardeal e às pessoas presentes [...].

Ao nos referirmos às outras imagens de 1600 que conhecemos, chamamos a vossa atenção para os bustos relicários de Santa Inês e Santa Apolônia, dos Irmãos Terceiros do Seráfico Pai São Francisco de São Paulo e para certa Nossa Senhora do Ó, encontrada em Mogi, nos quais nos parece que se encontra com segurança a chave da época e possivelmente da autoria da imagem de Nossa Senhora Aparecida. Referimo-nos aos seguintes detalhes da escultura:

1º Forma sorridente dos lábios, descobrindo os dentes da frente.

2º Forma do rosto, com o queixo encastoado, no meio do qual há uma covinha.

3º O penteado laborioso em todas essas Santas, em Nossa Senhora Aparecida e na Nossa Senhora do Ó, aparecendo em duas pequenas tranças sobre as frontes, que se perdem na massa posteira do cabelo, penteado à moda Velasquez, de grande categoria social na época.

4º As flores em relevo nos cabelos de Nossa Senhora Aparecida, especialmente vistas em obras de Frei Agostinho da Piedade, bem como o relevo da gola caseada.

5º O diadema na testa, na linha média, como um broche com três pérolas pendentes, encontrado em todas as Santas a que nos referimos.

6º O porte empinado da imagem, que vista de perfil, tem tendência a inclinar-se para trás, muito dos discípulos de Frei Agostinho da Piedade, além de seu volume amplo, de saias pregueadas, embabadando-se no chão.

Notamos, entretanto, na imagem da Senhora Aparecida a perfeição das mãos postas, pequeninas e afiladas como as de uma menina, e as mangas simples e justas, de muito requinte, terminando no punho esquerdo dobrado à maneira dos mestres seiscentistas do barro paulista. [...]

A imagem da Conceição Aparecida veio de longe, de outro local paulista, onde estivera no altar de alguma capela ou em um oratório de próspera fazenda. Quem a lançou à água, por estar quebrada, talvez com lágrimas nos olhos, nunca pensaria que naquele simples gesto de renúncia estava fazendo um bem à humanidade, cedendo aos homens do mundo um imenso patrimônio de fé. A Celestial Padroeira do Brasil, Nossa Senhora da Conceição, aqui aparecida em sua imagem de terra, cubra de bênçãos o Brasil e guarde todos os brasileiros dentro de seu manto de esperança, de paz e de salvação."

Após a Conferência, o Cardeal Motta ofereceu uma Imagem de Nossa Senhora Aparecida em madeira, do artista Francisco Ferreira, o "Chico Santeiro", que veio da cidade de Cunha para Aparecida aos 8 anos de idade.

Em continuidade ao Ano Jubilar, houve a entrega da Rosa de Ouro.

# RECEBEI, SENHORA APARECIDA, FLORES E UMA ROSA DE OURO!

Durante as festividades do Jubileu, ainda em 1967, no dia 15 de agosto, quando a Igreja comemorava a festa da Assunção de Nossa Senhora, ocorreu a cerimônia da entrega da Rosa de Ouro.

Por ocasião da Bênção da Rosa de ouro, ungida com o Santo Crisma e perfumada de incenso, no dia 5 de março de 1967, "domingo das rosas", quarto domingo da Quaresma, na Capela Sistina, em Roma, o papa Paulo VI (hoje Santo) enviou a seguinte mensagem ao Brasil:

> [...] Dizei a todos os brasileiros, Senhor Cardeal, que esta flor é a expressão mais espontânea do afeto que temos para esse grande povo que nasceu sob o signo da Cruz. No Santuário de Nossa Senhora da Aparecida, ela dará testemunho de nossa constante oração à Virgem Santíssima, para que interceda junto de seu Filho pelo progresso espiritual e material do Brasil.

O papa Paulo VI, quando era Cardeal Montini, Arcebispo de Milão, durante visita ao Brasil, no dia 12 de junho de 1960, visitou o Santuário Nacional de Aparecida.

Durante a cerimônia de entrega, caía sobre o Santuário uma chuva de pétalas de rosas.

Para comemorar os 250 anos, foram visitadas 1.300 localidades com a imagem de Nossa Senhora Aparecida, em 508 dias. O encargo de organizar e acompanhar a peregrinação coube ao bispo auxiliar de Aparecida, Dom Antônio Ferreira de Macedo, conhecido como "o Bispo de Nossa Senhora Aparecida".

# OS RESTAUROS DA IMAGEM DE NOSSA SENHORA APARECIDA

## Poesia de Preciliana – 1756

Como foi Aparecida?!
Partida
Pois partida foi achada!
Quebrada
Foi em parte recolhida!
Dividida.

Como assim redimida
vos vejo, Virgem Sagrada,
sendo do rio tirada:
partida, quebrada,
dividida.

Como que pescou ao sol
com anzol
a imagem de que me valho
de tresmalho
porque foi muito de adrede
em rede!

Logo devemos confessar
que a Senhora Aparecida
na época esclarecida
aqui está pr'amparar.
Devemos todos esperar
com fé robusta e verde
que quem a invoca não se perde.

Pois qual Jonas apareceu
no Paraíba em que se deu
o anzol de tresmalho em rede.

Desde 1770, sabe-se que a imagem passou por conserto, segundo o 1º Livro do Tombo da Paróquia de Santo Antônio de Guaratinguetá:

> O tesoureiro da Capela de Nossa Senhora Aparecida disporá dos cordões grossos de ouro dado a Senhora por não serem trastes por sua grossura que hajam de servir para conserto da imagem da mesma Senhora [...].

Na Vigília Eucarística em São Paulo, no ano de 1945, descolou-se completamente a cabeça. Em 1946, o padre Antônio Pinto de Andrade fez um pequeno conserto, acrescentando as madeixas laterais do cabelo. Em 25 de maio desse mesmo ano, o padre Andrade entregou a imagem ao padre Alfredo Morgado, C.Ss.R., para a primeira restauração, que assim registrou o evento:

> Passei o dia todo trabalhando com a imagem. Que pesadelo! Se a quebrasse... Afinal, às três horas, terminei o trabalho, tirei todas as placas de cera da terra com que andaram remendando a imagem. Completei uma madeixa de cabelo, à esquerda da imagem, e outra à direita, e mais o nariz. O restante deixei como estava. [...] Às 16h30, coloquei a imagem no nicho. As filhas de Maria, que então enfeitavam o altar, aproveitaram a ocasião para beijá-la.
>
> No dia 7 de setembro de 1950, ao trocar o manto, a cabeça desprendeu-se novamente e caiu nas mãos do padre Geraldo Bonotti, C.Ss.R. Fez-se um conserto provisório com cola de madeira. Tornou-se necessário fazer uma vez um conserto eficiente. Conhecendo a habilidade de nosso padre Umberto Pieroni, pedi que colocasse um pino. Em princípio de dezembro, retirei a Imagem Milagrosa do nicho e a entreguei ao padre Pieroni. Este colocou um pino de alumínio, ficando dois centímetros no corpo da Imagem, e firmou-se com cimento. Com a mesma massa recompôs o cabelo e o pescoço. A camada de breu, que em reformas anteriores passaram, o padre Pieroni dissolveu com álcool. Logo desapareceu a cor cinzenta e voltou a antiga, mais escura. Retocou em seguida a massa de cimento com extrato de nogueira e passou uma camada leve de verniz para firmar a tinta. Desse modo, a Imagem recebeu um conserto e voltou a cor natural.

No "Correio Paulistano", em 14 de novembro de 1954, Francisco Pati escreveu: "Segundo uma tradição que remonta ao terceiro quartel do século passado, cabia às Irmãs Concepcionistas do Convento da Luz 'encarnar' a imagem de Nossa Senhora Aparecida. 'Encarnar' (termo usual em se tratando de imagens religiosas) quer dizer reformar a pintura dos santos. Nossa Senhora Aparecida veio para tal fim a São Paulo e no Convento de Frei Sant'Ana Galvão foi convenientemente 'encarnada'".

Em 3 de agosto de 1965, o Irmão Vicente Zambom, C.Ss.R., colou a Imagem com cola araldite. No dia 3 de março de 1975, durante a reunião mensal da comunidade redentorista, no bairro da Pedrinha, em Guaratinguetá-SP, ficou decidido:

> [...] Entre muitas consultas à comunidade, essa teve resposta unânime: a Imagem de Nossa Senhora Aparecida está em estado precário, a cabecinha da Imagem se abrindo no local da coroa, além de ter toda a fragilidade de uma estátua de barro; por isso a Imagem não sairá mais do nicho de mármore da Basílica Histórica.

O Cardeal Motta aprovou a decisão.

Na noite de 16 de maio de 1978, às 20h10, quando celebrava a missa o padre Antônio Lino Rodrigues, C.Ss.R., as luzes da igreja se apagaram e, nesse instante, "um fulano, que depois se soube ser de São José dos Campos e 'crente', que como romeiro foi até diante do nicho e, como na hora não havia romeiros ali, parou por momentos  e logo, desferindo forte soco contra o vidro do nicho, quebrou-o (tanto assim que ficou com a mão ferida) e retirou a Imagem e, como os guardas acorreram logo, jogou-a no chão, onde ela se espatifou" (Pe. Morgado. *Eu e a imagem genuína*, Ed. Santuário). Os pedaços foram recolhidos do chão da passarela diante do nicho. Se houver alguma dúvida, pergunte-se ao Ir. Clemente que era o sacristão e tudo presenciou.

O povo atribuiu o atentado a um aviso. No fim da tarde daquele dia, ocorreu uma tempestade com fortes rajadas de vento. No dia 16 de maio, um sábado, às 16 horas, aconteceu na praça da Basílica uma missa e um Ato de Desagravo, escrito e lido pelo Arcebispo Dom Geraldo Maria de Morais Penido.

> Ato de Desagravo a Nossa Senhora Aparecida (pelo atentado a sua venerável e querida Imagem, no dia 16 de maio de 1978):
>
> Senhora da Conceição Aparecida, Mãe e Padroeira nossa, sabeis como nossos corações estão tristes pelo lamentável ato que profanou vossa humilde Imagem milagrosamente encontrada nas águas do Rio Paraíba em 1717. Para todos nós, vossos filhos devotados, foi como um atentado a nossa própria mãe; nossos corações estão também, por isso, despedaçados. [...] Testemunhando esse amor, desejamos protestar contra os atos sacrílegos e cruéis, que pretenderam e ainda pretendem profanar a beleza singular com que vosso divino filho vos preparou para ser sua e nossa Mãe.
>
> Permiti, Mãe Santíssima, que, diante de vossa Imagem mutilada, procuremos entender o 'grande sinal' de conversão que, neste vosso mês de maio, nos foi dado a todos. [...]
>
> O melhor modo de desagravar-vos, ó Mãe bendita, é sermos verdadeiros devotos vossos, não somente para vos pedir favores, mas sobretudo para louvar-vos, amar-vos, imitar-vos.
>
> Queremos e prometemos ser cristãos de verdade! Contai, Senhora, com nosso amor de filhos! Recebei o tributo de vossa humilde, porém integral, devoção e de nosso constante serviço à causa de vosso Filho e da Igreja, da qual sois a Mãe e Rainha.
>
> Que vosso Reino de Amor se propague por todo o mundo e transforme o coração de todos os homens. Amém!

A imagem foi restaurada no Museu de Arte de São Paulo, por uma equipe de especialistas, chefiada pela artista plástica Maria Helena Chartuni. Fizeram parte dessa equipe o Professor Pietro Maria Bardi, então Diretor do Museu de Arte de São Paulo – MASP, e o Dr. João Marinho, colecionador de imagens sacras brasileiras, que juntos examinaram a imagem.

Na data de 19 de agosto de 1978, uma viatura do Corpo de Bombeiros de São Paulo trouxe a imagem da capital paulista para Aparecida. O cortejo foi acompanhado pelos fiéis, ao longo da rodovia Presidente Dutra.

Em sua chegada a Aparecida, a imagem foi recebida por aparecidenses e romeiros, além do Cardeal Motta, o Arcebispo Dom Geraldo Penido e o bispo auxiliar Dom Antônio Ferreira Macedo. Todos aguardavam em frente à Rádio Aparecida. Em um carro-andor e em procissão, a imagem seguiu até a praça da Basílica Histórica.

Após uma concelebração Eucarística, Dom Geraldo Penido, Arcebispo de Aparecida, deu a bênção com a imagem. Em seguida, em companhia dos padres redentoristas, ela foi colocada em seu nicho.

# O PAPA JOÃO PAULO II (SÃO JOÃO PAULO II) ENTRE NÓS

Após o Congresso Eucarístico Nacional de Fortaleza, CE, o papa João Paulo II (Karol Józef Wojtyla, nascido em Cracóvia, na Polônia) visitou, em 4 de julho de 1980, o Santuário Nacional. Antes da cerimônia de consagração, prestou uma homenagem a Nossa Senhora Aparecida:

> Do primitivo e tosco oratório – o "Altar de Paus" dos velhos documentos – à capela que o substituiu e dos sucessivos acréscimos, até a basílica antiga de 1908, os templos materiais aqui erguidos são sempre o símbolo da fé do povo brasileiro e de seu amor à Santíssima Virgem. [...]
> Sei que, há pouco tempo, em lamentável incidente, despedaçou-se a pequenina imagem de Nossa Senhora Aparecida. Contaram-me que, entre os mil fragmentos, foram encontradas intactas as duas mãos da Virgem, unidas em oração. O fato vale como um símbolo: as mãos postas de Maria, no meio das ruínas, são um convite a seus filhos darem espaço em suas vidas à oração, ao absoluto de Deus, sem o qual tudo o mais perde sentido, valor e eficácia. O verdadeiro filho de Maria é um cristão que reza. [...]
> Neste lugar, a Virgem Aparecida, há mais de dois séculos, marcou um encontro singular com a gente brasileira. Com razão para aqui se voltam, desde então, os anseios desta gente; aqui pulsa, desde então, o coração católico do Brasil. Meta de incessantes peregrinações, vindas de todo o país, esta é, como já disse alguém, a "capital espiritual do Brasil" [...].

Após consagrar o novo templo, expressou-se:

> E agora, ao concluir esta celebração, qual flor que desejo repor aos pés da Virgem Mãe de Deus e nossa, como recordação da visita do Papa a este Santuário de Nossa Senhora Aparecida, Padroeira do Brasil, tenho a alegria de proclamar o novo templo, ora consagrado, como Basílica Menor.

E rezou antes da despedida:

Nossa Senhora Aparecida,
abençoai este vosso Santuário
e os que nele trabalham,
abençoai este povo,
que aqui ora e canta,
abençoai todos os vossos filhos,
abençoai o Brasil. Amém.

O papa João Paulo II esteve no Seminário Bom Jesus por algumas horas, repousando, e conversou com os seminaristas de Aparecida. Como um ilustre "romeiro", trouxe de presente para Nossa Senhora um conjunto de cinco painéis, obra do artista Professor Ferruccio Ferrari, representando os evangelistas São Mateus, São Lucas, São Marcos, São João e o Cordeiro de Deus. Hoje, encontram-se no altar da Capela do Santíssimo da nova Basílica. Concedeu à nova Basílica os títulos de "Casa da Mãe de Deus", "Maior Santuário Mariano do Mundo" e "Basílica Menor". Faleceu em 2 de abril de 2005, antes de completar 85 anos. Seu corpo repousa na Capela de São Sebastião, no Vaticano.

No dia 1º de maio de 2011, o papa João Paulo II, Pontífice de 1978 a 2005, foi beatificado pelo papa Bento XVI e canonizado pelo papa Francisco no dia 27 de abril de 2014, dia em que o papa João XXIII, cujo pontificado foi de 1958 a 1963, também foi canonizado.

# 12 DE OUTUBRO FERIADO NACIONAL

No período em que o papa João Paulo II visitou o Brasil e em especial a cidade de Aparecida, fomos presenteados com o Decreto n. 6.802, publicado no Diário Oficial da União de 30 de junho de 1980, de autoria do Deputado Federal Jorge Arbage (PDS-PA), "declarando feriado federal o dia 12 de outubro para o culto público e oficial a Nossa Senhora Aparecida", e assinado pelo Presidente da República, General João Batista de Oliveira Figueiredo.

# TOMBAMENTO DA BASÍLICA HISTÓRICA

Os príncipes vieram, os romeiros chegaram, os aparecidenses aplaudiram e a Basílica Histórica foi tombada!

De estilo barroco, a Basílica foi tombada como monumento de interesse histórico, religioso e arquitetônico, no dia 18 de abril de 1982, pelo Conselho de Defesa do Patrimônio Histórico, Arquitetônico, Artístico e Turístico do Estado de São Paulo (Condephaat).

*Basílica Histórica – Arquivo pessoal – Data desconhecida*

*Praça Nossa Senhora Aparecida, 18/4/1982, durante o tombamento da Basílica. Da esquerda para a direita: Jovem Polidoro (à época, prefeito de Roseira), Prof. José Luiz Pasin, Profa. Conceição Borges Ribeiro Camargo, D. Pedro Gastão de Orleans e Bragança, Isabelle Orleans Bragança, Condessa de Paris, Príncipe D. Francisco de Orleans e Bragança, Profa. Tereza Galvão Pasin (autora desta obra) e Prof. Gentil Vian (à época, vereador). Arquivo Pessoal. 1982*

# O PEREGRINO DA SENHORA APARECIDA

*Telésforo de Oliveira*

Senhora, peço licença para entrar
e também – se for possível – descansar.
Sabes, melhor que eu, donde venho,
por onde andei e qual o meu empenho.
Venho de longe, das estradas do mundo.
Trago n'alma o sinete fatal do vagabundo.
Vaguei errante em busca da Alegria, da Beleza e da Amizade
Fugidia...
No fundo das taças, ao sorver o licor,
sobrou-me apenas a gota de amargor.
No fim de cada estrada – solidão,
o desengano atroz de mais ilusão...
Dos longos caminhos, vês como a poeira
cobriu minhas vestes de tanta sujeira.
Olha como as pedras feriram-me os pés.
Esta meia é de lama, Senhora; não vês?
Mas como é bom agora descansar
nesta tua casa, sob o teu olhar...
Disseram que eras boa, terna, carinhosa,
que não tens espinhos como toda rosa.
Ouvi que teu amor não é mercenário,
mas da pureza é o próprio santuário.
Soube também que eras destra enfermeira
e que tens um remédio p'ra toda cegueira.
E eu acreditei... E aqui estou, Senhora!
Ó bela Virgem negra de lábios cor da aurora!
Estou cansado, tão cansado... Deixa-me ficar

sob a suave sombra do teu meigo olhar.
Nada te posso dar, além de minha pobreza.
Tudo espero de ti, cheia de graça e beleza.
Dá-me um pouco de paz no milagre do Pão
e um raio de esperança para meu coração.
Ó potente Senhora, ajuda-me um instante
a carregar da vida o fardo acabrunhante...
Inda peço que laves esta roupa manchada
no lodo das ruas, Mãe Imaculada.
Lava-me no Sangue do Cordeiro imolado.
Ó Mãe da Dor e do Amor crucificado!
Aclara meu caminho como u'a réstia de luz
e acompanha-me, enfim, aos pés de Jesus.
Só assim poderei tranquilamente
repousar para sempre da jornada inclemente.

# FUNDAÇÃO DA TV APARECIDA

"Ide, pelo mundo todo, proclamar a Boa-Nova a toda a criatura! Os apóstolos partiram e anunciaram por toda a parte" (Mc 16,15-20).

Os missionários redentoristas vieram para evangelizar. No ano de 1900, fundaram a Editora Santuário e, meio século depois, a Rádio Aparecida.

No aniversário de fundação da Rádio Aparecida, no dia 8 de setembro de 2005, fundaram a TV Aparecida, a TV de Nossa Senhora. Estão também presentes na internet, pelo site www.A12.com. Agora o romeiro de Nossa Senhora pode acompanhar ao vivo tudo o que acontece no Santuário Nacional.

Os estatutos da Congregação do Santíssimo Redentor relatam em seu número 22:

> A Congregação largamente aceita e emprega em seu serviço pastoral os meios de comunicação social, que muito contribuem para propagar e consolidar o reino de Deus, quer se trate de publicações literárias, populares ou científicas, quer de produção artística ou meios audiovisuais.

Registramos aqui o empenho e incentivo do Cardeal Dom Aloísio Lorscheider de fundar a TV Aparecida, a bênção dada por Dom Raymundo Damasceno Assis e o seu primeiro diretor, Padre César Moreira Miguel, C.Ss.R.

Vamos recordar as sábias palavras do Padre Vítor Coelho de Almeida, C.Ss.R.: "Depois de construído o prédio, poderemos pensar em um estúdio de TV". Aqui Padre Vítor estava referindo-se ao prédio da Rádio Aparecida.

# APARECIDA HOSPEDA O PAPA BENTO XVI

O papa Bento XVI esteve no Brasil de 9 a 13 de maio de 2007, para participar da V Conferência Geral dos Bispos da América Latina e do Caribe – CELAM. A sede da Conferência, a cidade de Aparecida, foi escolhida pessoalmente pelo papa Bento XVI: "Desejo que a Conferência seja celebrada na América Latina, no Santuário de Nossa Senhora Aparecida". Desembarcou no dia 9, em São Paulo, e, no dia 10, realizou a missa de canonização de Frei Antônio de Sant'Anna Galvão, nascido em Guaratinguetá.

Chegou à cidade de Aparecida no dia 11, no período da tarde, e ficou hospedado no Seminário Bom Jesus. Trouxe uma Rosa de Ouro para Nossa Senhora da Conceição Aparecida, a segunda que Nossa Senhora ganhou de um Papa. A primeira foi dada pelo papa Paulo VI.

No dia 12 de maio, visitou a Fazenda da Esperança, local de recuperação de dependentes químicos, no bairro da Pedrinha, em Guaratinguetá, SP. No dia 13, domingo, dia das Mães, às 10 horas, o papa Bento XVI celebrou a Santa Missa campal para cerca de 150 mil fiéis. Às 16 horas, fez a abertura da V Conferência Geral do Episcopado Latino-Americano e Caribenho, ocorrida de 13 a 31 de maio de 2007.

Como lembrança da V Conferência foi colocado um obelisco no pátio do Santuário Nacional, doado pela empresa Tamboré Mármores, onde lemos: "Eu sou o caminho, a verdade e a vida (Jo 14,6). Nesse lugar bendito, sob o olhar da Virgem Mãe Aparecida, reuniram-se os bispos da América Latina e do Caribe, para a V Conferência Geral, inaugurada por Sua Santidade, o papa Bento XVI. A.D. 2007, Aparecida 13 de maio".

Por volta das 19 horas, do heliponto do Santuário Nacional, Bento XVI partiu para São Paulo, de onde retornou para o Vaticano, em Roma.

# O PAPA FRANCISCO ENTRE NÓS

O papa Francisco veio ao Brasil para participar da 28ª Jornada Mundial da Juventude, na cidade do Rio de Janeiro, que ocorreu de 23 a 28 de julho de 2013.

Ao chegar ao Rio de Janeiro, no dia 22 de julho, onde ficou hospedado na Residência Assunção, fez um discurso na sede do governo do Rio de Janeiro:

> [...] Peço licença para entrar e transcorrer esta semana com vocês. Não tenho ouro nem prata, mas trago o que de mais precioso me foi dado: Jesus Cristo!
> [...] peço a todos a delicadeza da atenção e, se possível, a necessária empatia para estabelecer um diálogo de amigos. Nesta hora, os braços do Papa se alargam para abraçar a inteira nação brasileira, em sua complexa riqueza humana, cultural e religiosa. Desde a Amazônia até os pampas, dos sertões até o Pantanal, dos vilarejos até as metrópoles, ninguém se sinta excluído do afeto do Papa. [...]

O Papa visitou Aparecida no dia 24 de julho. Veio como "romeiro ilustre". Durante a missa celebrada em Aparecida, ele pregou em sua homilia: "[...] Quem poderia imaginar que o lugar de uma pesca infrutífera tornar-se-ia o lugar onde todos os brasileiros podem se sentir filhos de uma mesma mãe? [...]"

Após a missa, o papa Francisco dirigiu-se à Tribuna Bento XVI para dar uma bênção à multidão, de aproximadamente 200 mil pessoas, que o aguardava na área da Basílica. Em seguida, seguiu de papamóvel pelas ruas da cidade de Aparecida até o Seminário Bom Jesus. Ao chegar ao Seminário, foi recebido com flores, almoçou, benzeu a imagem de São Frei Galvão e ajudou a plantar uma muda de pau-brasil. Por volta das 15h15, ele retornou ao Rio de Janeiro.

No domingo, dia 28 de julho, ocorreu a missa de encerramento da Jornada, na praia de Copacabana. O papa Francisco pediu aos jovens: "Ide e fazei discípulos entre todas as Nações".

Em seu discurso de despedida do Brasil, o Papa afirmou: "Já começo a sentir saudades deste povo tão grande e de grande coração".

E assim os romeiros de Nossa Senhora Aparecida, que envolve seu manto nesta abençoada terra, desde o ano de 1717, continuam vindo para rezar, pedir, agradecer e renovar sua fé e sua esperança...

"Quem a invoca não se perde."
(Trecho da poesia de Presciliana, escrita em 1756)

1º Livro de Atas da Mesa Administrativa – 18/9/1852.

1º Livro de Batizado – Igreja de Santo Antônio de Guaratinguetá (1719-1728).

Camargo, Mons. Paulo Florêncio da Silveira. *História de Santana de Parnaíba*. Secretaria de Esportes e Turismo. São Paulo/SP, Tipografia Fonseca Ltda, 1971.

De Ligório, Santo Afonso. *Glórias de Maria*. Aparecida, SP, Editora Santuário, 1989.

"Ecos Marianos" – Aparecida, SP – Editora Santuário, 1951.

Jornal "A Liberdade" – Aparecida do Norte – Ano II, n. 80 – 13 de setembro de 1925.

Jornal "O Mosaico" – Ano I – n. 1 – 13/2/1965.

Jornal "Santuário de Aparecida" – Aparecida, SP – Editora Santuário, 1978.

Mestres santeiros paulistas do século XVII, na coleção Santa Gertrudes / organização Antônio Carlos Suster Abdalla. 1. ed. São Paulo, Cult Arte e Comunicação, 2015. Vários autores.

Oliveira, Oscar. *Virgem Maria*: Mãe de Deus e Mãe dos homens. Mariana. Editora Dom Viçoso, 1968.

Pasin, Tereza Galvão. *Senhora Aparecida*: Romeiros e Missionários Redentoristas na História da Padroeira do Brasil. Aparecida. Editora Santuário, 2015.

Press Kit Imprensa – Santuário Nacional. Aparecida (não consta data).

# TEREZA GALVÃO PASIN

Nascida na Rua Monte Carmelo, n. 79, que é uma homenagem ao Frei Dr. Joaquim do Monte Carmello, teve um intenso convívio com os romeiros de Nossa Senhora Aparecida.

Seu primeiro emprego foi nas Oficinas Gráficas Editora Santuário, nos anos de 1972 a 1976. Hoje, Editora Santuário.

Licenciada em Geografia e História, pela Unisal, em Lorena-SP. Aposentada do magistério público estadual, atuou em diversas instituições de ensino particular.

Obras editadas pela Editora Santuário: "Textos para Orientadores de Educação Moral e Cívica", publicadas pela Editora Santuário, com parecer homologado pela então Ministra da Educação, Esther de Figueiredo Ferraz (1984); "Senhora Aparecida – Romeiros e Missionários Redentoristas na História da Padroeira do Brasil", "Memórias de Dom Carlos Carmelo, Cardeal de Vasconcellos Motta"; e "130 anos de história: Seminário Bom Jesus", em coautoria com Pe. Renan Rangel, 2024.

Esteve à frente da Secretaria da Educação e Cultura; terceira pessoa a ocupar o cargo, sendo a primeira mulher, foi Diretora do Departamento de Cultura, da Prefeitura Municipal da Estância Turístico-Religiosa de Aparecida.

Ocupou o cargo de Historiadora no "Memorial da Devoção Nossa Senhora Aparecida".

Foi consultora de assuntos religiosos para a concepção do projeto de engenharia: "Parque três pescadores".

É membro do Instituto de Estudos Valeparaibanos.

Faz parte da Academia Marial de Aparecida, do Santuário Nacional de Nossa Senhora da Conceição Aparecida, e também da Pastur – Pastoral do Turismo da Arquidiocese de Aparecida.

É professora dos propedêuticos do Seminário Missionário Bom Jesus.

# ÍNDICE